국가기술자격의
국제화에 관한 연구

한국산업인력공단

연구자　손배원 선임연구원(한국산업인력공단 자격동향분석팀)

2014년 11월 20일 1판 1쇄 인쇄
2014년 11월 20일 1판 1쇄 발행

지 은 이　한국산업인력공단
발 행 인　이현숙
표　　지　김학용
발 행 처　생각쉼표 & 주)휴먼컬처아리랑
　　　　　서울특별시 영등포구 여의도동 45-13 코오롱포레스텔 309
전　　화　070) 8866 - 2220 FAX • 02) 784-4111
등록번호　제 2009 - 000008호
등록일자　2009년 12월 29일

www.휴먼컬처아리랑.kr
ISBN 979-11-5565-106-3

국가기술자격의 국제화에 관한 연구

한국산업인력공단

머 리 말

우리나라의 국가기술자격제도는 과거 국가경제발전에 필요한 기술·기능인력을 효과적으로 양성·공급하기 위한 목적으로 도입되었습니다. 즉 우리나라의 전후 복구 및 산업화 추구 과정에서 필요한 인력들을 국가적 차원에서 체계적으로 양성하여 적재적소에 배치·관리하기 위하여 국가기술자격제도가 도입된 것입니다.

그리고 이 국가기술자격제도는 제도 생성 이래로 지금까지 산업수요에 부응하는 인력들을 효과적으로 양성·공급하는데 기여하여 왔고, 그 결과 우리나라는 효과적 제도운영이라는 밑거름 하에 짧은 시간에 경제대국으로 성장·발전할 수 있었습니다.

이에 우리나라의 괄목할만한 경제성장 모델 등을 여러 나라에서 벤치마킹하고자 하는 움직임이 있고, 또한 최근 한류 열풍 및 일부 동남아·중앙아시아 국가의 '한국 배우기' 바람으로 우리나라 국가기술자격제도에 대한 관심은 증가하고 있으며, 이와 더불어 우리나라 제2위 교역대상인 ASEAN(동남아시아 국가연합) 국가와의 '한-ASEAN FTA 체결'은 해당 국가와의 인적·물적 교류를 위한 기반으로 작용하고 있습니다.

따라서 이러한 대내외적 환경변화에 따라 우리나라의 국가기술자격은 충분히 해외 개도국들을 대상으로 수출될 수 있을 것입니다.

이에 본 연구는 우리나라의 국가기술자격제도를 동남아시아 국가들을 대상으로 국제화시킬 수 있을 것인지, 그리고 국제화시킨다면 어떻게 국제화시킬 것인지 등 우리나라 국가기술자격의 국제화를 위한 방향성을 제시하기 위한 목적으로 수행되었습니다.

아무쪼록 본 연구가 우리나라 국가기술자격의 국제화를 위한 방안 마련의 초석이 되기를, 그리고 이를 통해 한국산업인력공단의 수종산업으로서 국가기술자격이 그 역할을 충실히 수행할 수 있기를 바랍니다.

한국산업인력공단 이사장

송 영 중

<차 례>

Ⅰ. 서론 ··· 1
1. 연구목적 및 배경 ··· 1
2. 연구범위 및 구성 ··· 2
3. 연구방법 및 기대효과 ·· 3

Ⅱ. 캄보디아의 환경분석 ······································ 5
1. 캄보디아의 사회·경제적 환경 ························· 5
   1) 사회적 환경 ·· 5
   2) 경제적 환경 ·· 7
2. 캄보디아의 학제 및 직업교육·훈련현황 ········ 21
   1) 캄보디아의 학제 ······································· 21
   2) 캄보디아의 직업교육·훈련현황 ·············· 26
3. 설문조사 결과분석 ·· 31
   1) 인구통계학적 특성 ··································· 32
   2) 한국의 자격증에 대한 인지 ····················· 34
   3) 자격증의 필요성에 대한 인지 ················· 39

Ⅲ. 국가기술자격의 국제화를 위한 타당성 분석 ·········· 48
1. 우리나라 국가기술자격의 현황 ························ 48
   1) 국가기술자격의 인프라 ··························· 48
   2) 국가기술자격의 시행 및 관리 ················· 57
2. 국가기술자격의 국제화를 위한 타당성 분석 ······ 64
   1) 자격제도 설계 및 운영주체 ····················· 64

2) 경제발전정도에 따른 자격종목의 설계 ··· 66
  3) 자격취득자에 대한 인센티브 제공 ··· 67
  4) 자격의 질 관리 ··· 69
  5) 자격제도 운영을 위한 정보 인프라 구성 ·· 71

Ⅳ. 국가기술자격의 캄보디아 도입방안 ·· 72
 1. 국가기술자격 도입을 위한 제반 특성 분석 ·· 72
  1) 제도적 측면 ··· 72
  2) 노동시장적 측면 ··· 76
 2. 대상분야의 선정 ·· 78
  1) 국가기술자격에 대한 니즈분석 ·· 78
  2) 대상분야의 선정 ··· 80
 3. 캄보디아 국가기술자격의 운영을 위한 추진체계 ······························ 84
  1) 캄보디아 정부 측면 ··· 84
  2) 한국산업인력공단 측면 ··· 86
  3) 한국정부 및 민간측면 ··· 90

Ⅴ. 결론 ·· 93
 1. 연구결과의 요약 ·· 93
 2. 연구의 의의 및 한계 ·· 94

 <참고문헌> ··· 97

<표 차 례>

<표 Ⅱ-1> 캄보디아 인구의 연령별 구성현황 ·· 5
<표 Ⅱ-2> 캄보디아 주요 국제기구 가입현황(2009년 기준) ····························· 7
<표 Ⅱ-3> 캄보디아 국내총생산 변화추이 ·· 8
<표 Ⅱ-4> 주요 동남아시아 국가들의 GDP 구성(2008년 기준) ····················· 10
<표 Ⅱ-5> 캄보디아 연간 소비자물가지수(CPI) 변동 ····································· 11
<표 Ⅱ-6> 캄보디아의 10개 경제자유지수 분야별 점수 ································· 11
<표 Ⅱ-7> 캄보디아의 경제활동별 GDP 성장률 ·· 12
<표 Ⅱ-8> 캄보디아의 공립고등교육 및 중등 실업계 학교 현황 ·················· 24
<표 Ⅱ-9> 캄보디아의 국가자격체계(CQF) ·· 25
<표 Ⅱ-10> 캄보디아의 TVET 개발 플랜 ·· 30

<표 Ⅲ-1> 관할주체별 세부내역('12년 2월말 현재) ······································· 51
<표 Ⅲ-2> 국가기술자격의 종목 현황('12년 6월 현재) ·································· 55
<표 Ⅲ-3> 국가기술자격의 응시요건('12년 6월 현재) ···································· 56
<표 Ⅲ-4> 국가기술자격의 등급별 검정방법 및 합격결정기준 ····················· 59
<표 Ⅲ-5> 국가기술자격 종목 중 실기시험만 시행할 수 있는 종목(시행규칙 별표10) ···· 60
<표 Ⅲ-6> 국가기술자격 검정수탁기관 현황('12년 1월 기준) ························ 61

<표 Ⅳ-1> 국가기술자격의 캄보디아 도입을 위한 제도적 측면 SWOT 분석 ·· 76
<표 Ⅳ-2> 대상분야의 선정(전기/전자분야 및 IT분야> ································· 81

<그 림 차 례>

<그림 Ⅱ-1> 캄보디아 실질 GDP의 구성 ·· 9
<그림 Ⅱ-2> 동남아 주요국의 1인당 국민총소득(GNI)(2007년 기준) ············ 10
<그림 Ⅱ-3> 캄보디아 방문 연간 관광객수 ·· 15
<그림 Ⅱ-4> 캄보디아 전체 인구 현황 ·· 16
<그림 Ⅱ-5> ASEAN 국가들의 연령별 인구분포 ···································· 17
<그림 Ⅱ-6> ASEAN 국가들의 연령별 노동력 분포 ······························· 18
<그림 Ⅱ-7> 캄보디아 노동시장의 변화 ·· 19
<그림 Ⅱ-8> 캄보디아의 무역수지 ·· 20
<그림 Ⅱ-9> 캄보디아의 학제 ·· 23
<그림 Ⅱ-10> 캄보디아 MLVT의 조직체계 ·· 26
<그림 Ⅱ-11> 캄보디아 직업교육훈련 품질관리 메커니즘 ························ 28
<그림 Ⅱ-12> 설문응답자의 성별 특성 ·· 32
<그림 Ⅱ-13> 설문응답자의 연령별 특성 ··· 33
<그림 Ⅱ-14> 설문응답자의 혼인상태별 특성 ··· 33
<그림 Ⅱ-15> 설문응답자의 직업별 특성 ··· 34
<그림 Ⅱ-16> 한국의 자격증에 대한 인지 여부 ····································· 35
<그림 Ⅱ-17> 한국의 자격증 취득 여부 ·· 35
<그림 Ⅱ-18> 캄보디아 내 한국 자격증 인정정도 ·································· 36
<그림 Ⅱ-19> 캄보디아 내 한국 자격증과 유사한 자격증 존재 여부 ········ 37
<그림 Ⅱ-20> 한국 자격증 취득 위한 시험 응시 경험 ···························· 37
<그림 Ⅱ-21> 한국 자격증 취득 위한 노력의 유형 ································ 38
<그림 Ⅱ-22> 한국 자격증 인지 방법 ··· 39
<그림 Ⅱ-23> 캄보디아 내 자격증 존재 여부 ·· 40
<그림 Ⅱ-24> 캄보디아 내 자격증과 학위에 대한 개념 인식 ·················· 40
<그림 Ⅱ-25> 캄보디아 내 자격증 취득 방법 ·· 41
<그림 Ⅱ-26> 캄보디아 내 자격증의 필요성 ·· 42
<그림 Ⅱ-27> 캄보디아 내 자격증 필요 이유 ·· 42
<그림 Ⅱ-28> 캄보디아에서 필요한 자격증의 분야 ································ 43
<그림 Ⅱ-29> 향후 한국 자격증 취득 의향 ··· 44

<그림 Ⅱ-30> 캄보디아 내 한국 자격증 신설 희망분야 ·················· 44
<그림 Ⅱ-31> 캄보디아 내 신설 한국 자격증의 수준 ···················· 45
<그림 Ⅱ-32> 향후 한국 자격증 취득자에 대한 우대혜택 선호도 ············· 46
<그림 Ⅱ-33> 캄보디아 내 한국기업에서의 근로의욕 정도 ················· 46
<그림 Ⅱ-34> 한국어 능력시험(EPS-TOPIK) 응시경험 ···················· 47

<그림 Ⅲ-1> 국가기술자격제도의 체계 ····························· 49
<그림 Ⅲ-2> 국가기술자격제도 운영주체별 담당 기능 ···················· 53
<그림 Ⅲ-3> 국가기술자격의 등급체계 ····························· 54
<그림 Ⅲ-4> 국가기술자격의 검정절차 ····························· 57
<그림 Ⅲ-5> 국가기술자격의 검정종류 및 검정방법 ····················· 58
<그림 Ⅲ-6> 국가기술자격의 검정시행절차 ··························· 62
<그림 Ⅲ-7> 국가기술자격의 문제출제절차 ··························· 63

<그림 Ⅳ-1> 국가기술자격에 대한 니즈분석 ·························· 79
<그림 Ⅳ-2> 대상분야의 선정(설문조사 결과) ························· 80
<그림 Ⅳ-3> 베트남 고용법 제정 정책 자문사업 과업수행조직 ·············· 87
<그림 Ⅳ-4> 교육과정 이수와 한국산업인력공단의 자격검정 연계 체계 ···· 89
<그림 Ⅳ-5> 자격취득자에 대한 인센티브 제공 선호도 ··················· 91
<그림 Ⅳ-6> 캄보디아 국가기술자격 운영을 위한 추진체계 ················ 92

<요 약>

Ⅰ. 서 론
1. 연구목적 및 배경

우리나라의 국가기술자격제도는 과거 국가경제발전에 필요한 기술·기능인력을 효과적으로 양성·공급하기 위한 목적으로 도입되었다. 즉 우리나라의 전후 복구 및 산업화 추구 과정에서 필요한 인력들을 국가적 차원에서 체계적으로 양성하여 적재적소에 배치·관리하기 위하여 국가기술자격제도가 도입된 것이다.

그리고 이 국가기술자격제도는 제도 생성 이래로 지금까지 산업수요에 부응하는 인력들을 효과적으로 양성·공급하는데 기여하여 왔고, 그 결과 우리나라는 효과적 제도운영이라는 밑거름 하에 짧은 시간에 경제대국으로 성장·발전할 수 있었다.

이에 우리나라의 괄목할만한 경제성장 모델 등을 여러 나라에서 벤치마킹하고자 하는 움직임이 있고, 또한 최근 한류 열풍 및 일부 동남아·중앙아시아 국가의 '한국 배우기' 바람으로 우리나라 국가기술자격제도에 대한 관심은 증가하고 있으며, 이와 더불어 우리나라 제2위 교역대상인 ASEAN(동남아시아 국가연합) 국가와의 '한-ASEAN FTA 체결'은 해당 국가와의 인적·물적 교류를 위한 기반으로 작용하고 있다.

따라서 이러한 대내외적 환경변화에 따라 우리나라의 국가기술자격은 충분히 해외 개도국들을 대상으로 수출될 수 있을 것이며, 이에 본 연구는 우리나라의 국가기술자격제도를 동남아시아 국가들을 대상으로 국제화시킬 수 있을 것인지, 그리고 국제화시킨다면 어떻게 국제화시킬 것인지 등 우리나라 국가기술자격의 국제화를 위한 방향성을 제시하기 위한 목적으로 수행되었다.

본 연구의 목적을 제시하면 다음과 같다.

첫째, 목표대상국의 환경을 분석하고 이를 토대로 우리나라 국가기술자격의 국제화를 위한 타당성을 검토한다.

둘째, 목표대상국의 니즈 즉, 캄보디아의 니즈에 부응할 수 있는 대상분야를 선정한다.

셋째, 우리나라 국가기술자격을 캄보디아에 도입할 수 있는 방안을 모색한다.

넷째, 우리나라 국가기술자격을 다른 개도국에 전파할 수 있도록 '국가기술자격의 현지화 방안'을 표준화한다.

2. 연구방법 및 기대효과

본 연구에서는 우선적으로 인터넷 사이트, 정부간행물 등을 통하여 연구에 필요한 문헌자료를 확보하였다. 그리고 현지 기관 방문을 통하여 한국에서는 수집할 수 없는 구체적인 자료들을 수집하였고, 이와 더불어 인터뷰 자료 등, 기타 자료도 확보하였다.

또한 캄보디아인들을 대상으로 한 설문조사를 위하여 설문지를 작성하였고, 설문지는 pilot test를 통하여 내용의 타당성 등을 검증, 수정·보완되었으며, 이후 캄보디아어로 번역되었다. 설문지는 우선 캄보디아 한국어능력시험 통역요원들을 대상으로 이메일로 배포되었고, 또한 캄보디아 현지 방문 시, 캄보디아 국가고용청·노동직업훈련부 직원 및 캄보디아 기술훈련대학·프놈펜 왕립대학 학생들을 대상으로 배포 및 수거되었다. 그 결과, 설문지는 총 124부가 수거되었고, 이는 SPSS 12.0을 통하여 빈도, 평균 등이 분석되었다.

이에 본 연구를 통하여 다음과 같은 기대효과가 예상된다.

첫째, 우리나라 국가기술자격의 국제화를 위한 타당성을 분석함으로써 향후 국가기술자격의 수출을 위한 기반이 마련될 수 있다. 둘째, 우리나라 국가기술자격을 다른 개도국에 전파할 수 있도록 '국가기술자격의 현지화 방안'을 표준화할 수 있다. 셋째, 공단의 수종산업으로서 국가기술자격의 역할을 전환시킬 수 있다.

II. 캄보디아의 환경분석

1. 제도적 측면

캄보디아 국가기술자격 도입을 위한 제도적 측면은 SWOT 분석방법을 통하여 분석되었다.

<표> 캄보디아 국가기술자격 도입을 위한 제도적 측면 SWOT 분석

Strengths	Opportunities
• ASEAN국가들 중 청년층 비중 높음 • 양질의 인력공급 가능 • 산업구조의 고도화 가능성 • 직업훈련기관이 다수 존재 • 직무능력표준에 대한 개발의지 높음 • 자격검정을 운영할 수 있는 조직존재	• 숙련된 기능인력에 대한 수요 증가 • 국가 간 인적자원교류 활성화 • 아시아·중남미 등 개도국의 HRD 사업 활성화 • ODA(공적개발원조) 규모의 확대
Weaknesses	Threats
• 직업자격에 대한 낮은 인식 • 정부기관의 실천력 부족 • 자격검정 인프라 등 SOC 부족 • 자격에 대한 기업의 관심 부족 • 대량 인력 고용이 가능한 제조업 육성 정책 부족	• ASEAN국가들 중 비교우위 항목 적음 • 제조업발달에 필수적인 전기 공급이 원활하지 못함 • 국가 간 제도·문화의 차이 등 국제교류협력의 제약요인 상존

2. 노동시장적 측면

캄보디아 국가기술자격 도입을 위한 노동시장적 측면의 특징을 제시하면 다음과 같다.

첫째, 여성의 경제활동 참가율이 높고 청년층의 노동인력이 풍부하다. 둘째, 노동시장의 수요와 공급 측면에서 농업부문이 여타 산업에 비하여 압도적으로 그 비율이 크다. 셋째, 단순 노동인력은 많으나 전문가나 숙련 기능공이 많지 않다. 넷째, 전체 노동인력에서 비공식부문(Informal Sector)의 경제활동인구 비중이 압도적으로 높고 7세 이상 14세 이하의 어린이 노동 문제가 심각하다. 다섯째, 캄보디아에서는 많은 노동인력이 해외로 송출되고 있다.

Ⅲ. 국가기술자격의 국제화를 위한 타당성 분석

1. 우리나라 국가기술자격의 현황

국가기술자격의 종목 현황을 살펴보면, 국가기술자격은 총 512종목으로 기술사 84종목, 기능장 27종목, 기사 103종목, 산업기사 110종목, 기능사 157종목, 서비스분야 31종목으로 구성되어 있으며, 이들 종목의 시행은 한국산업인력공단 등 7개 검정수탁기관에서 담당하고 있다.

우리나라 국가기술자격제도의 체계를 제시하면 다음과 같다.

<그림> 국가기술자격제도의 체계

(자료 : 고용노동부, 2012, 직업능력평가과 바인더 자료, p.3.)

2. 국가기술자격의 국제화를 위한 타당성 분석

국가기술자격의 국제화를 위해서는 다음의 다섯 가지 요건이 충족되어야 한다.

첫째, 정부주도로 자격제도가 설계, 운영되어야 한다.

둘째, 경제발전정도에 맞도록 자격종목이 설계되어야 한다.

셋째, 자격취득자에 대한 인센티브가 제공되어야 한다.

넷째, 자격의 질이 관리되어야 한다.

다섯째, 자격제도 운영을 위한 정보 인프라가 구성되어야 한다.

IV. 국가기술자격의 캄보디아 도입방안

1. 대상분야의 선정

대상분야는 설문조사 결과 및 주요 산업현황에 대한 분석결과를 토대로 전기/전자 분야 및 IT분야가 선정되었다.

2. 캄보디아 국가기술자격의 운영을 위한 추진체계

<그림> 캄보디아 국가기술자격 운영을 위한 추진체계

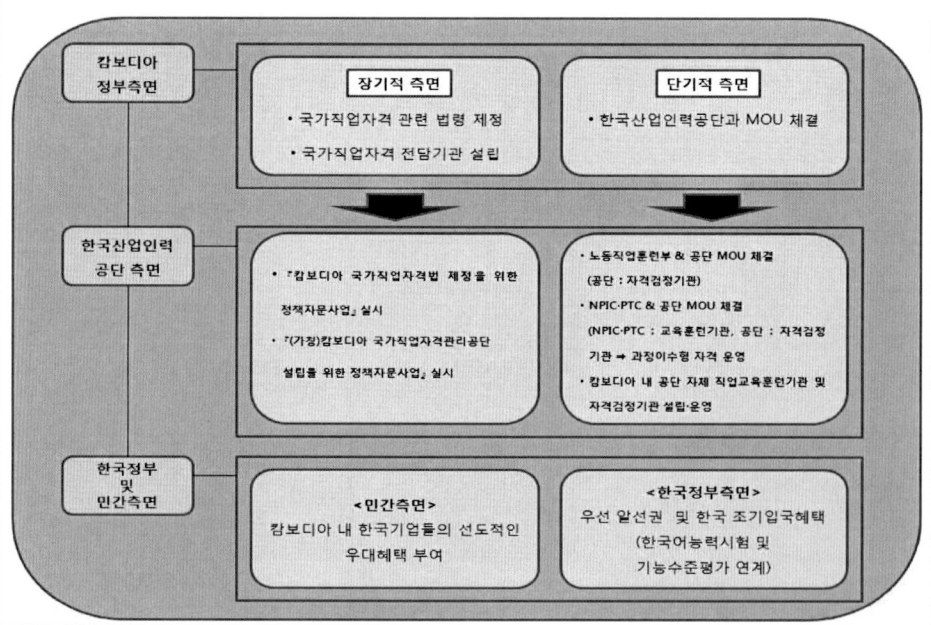

V. 연구의 의의 및 한계

1. 연구의 의의

첫째, 본 연구는 우리나라 국가기술자격을 국제화하기 위한 일반론적인 연구가 아니라, 특정 대상국을 선정하고 이 대상국의 기본적 환경 분석을 토대로 대상국만의 특화된 제도 도입 및 운영방안을 제시하였다는 점에서 큰 의의가 있다.

둘째, 본 연구는 향후 캄보디아 국가직업자격의 도입 및 운영을 위하여 캄보디아 정부 측면, 한국산업인력공단 측면, 한국정부 및 민간측면에서의 역할을 연계하여 비교적 체계적으로 제시함으로써 사업 추진에 있어 균형성을 확보하였다는 점에서 의의가 있다.

셋째, 본 연구를 통해 향후 캄보디아를 대상으로 한 한국산업인력공단의 사업 아이디어가 제시되었다는 점에서 본 연구의 의의가 있다.

넷째, 본 연구는 우리나라 국가기술자격이 국제화될 수 있는 기본 조건들을 분석함에 있어, 우리나라 국가기술자격이 과거부터 현재까지 효과적으로 운영되어, 그 본연의 기능을 충실히 수행해 올 수 있었던 요인들을 토대로 그 기본 조건들을 분석해내었다는 점에서 그 의의가 있다 하겠다.

2. 연구의 한계

첫째, 본 연구는 문헌 조사 자료, 캄보디아인들을 대상으로 한 설문조사 결과, 현지 인터뷰 자료, 현지 기관에서 받은 각종 자료 등에 대한 분석을 토대로 수행되었다. 그러나 현지 기관 방문 시, 몇몇 기관들은 내부 자료라는 이유로 자료를 제공하지 않은 경우도 있었다. 특히 캄보디아에서 현재 개발되어 있는 국가직무능력표준의 경우, 캄보디아측에서는 개발되어 있는 자료를 육안으로만 확인할 수 있도록 할 뿐, 자료는 제공하지 않아, 본 연구 수행 시 여러 애로사항이 발생하였다. 따라서 국가직무능력표준 등과 같은 중요한 자료의 부족 등은 본 연구의 한계점으로 지적될 수 있겠다.

둘째, 본 연구는 자격과 관련된 전문가 집단의 의견을 충분히 수렴하지 못하였다는 점에서 한계를 가진다.

이에 향후 연구에서는 현지 대상국에 대한 보다 많은 양의 자료 확보가 이루어져야 할 것이며, 또한 연구의 질을 보다 향상시키기 위하여 다양한 전문가들의 의견을 충분히 수렴할 수 있도록 해야 할 것이다.

Ⅰ. 서론

본 장에서는 「국가기술자격의 국제화에 관한 연구」에 있어, 본 연구의 목적 및 배경, 연구의 범위 및 구성, 연구방법 및 기대효과를 제시하였다.

1. 연구목적 및 배경

우리나라의 국가기술자격제도는 과거 국가경제발전에 필요한 기술·기능인력을 효과적으로 양성·공급하기 위한 목적으로 도입되었다. 즉 우리나라의 전후 복구 및 산업화 추구 과정에서 필요한 인력들을 국가적 차원에서 체계적으로 양성하여 적재적소에 배치·관리하기 위하여 국가기술자격제도가 도입된 것이다.

특히 국가기술자격제도는 제도 도입 이전 발생하였던 여러 가지 문제점들, 즉 각 관계부처와 개별법령 상 특수 목적에 따라 자격이 별도로 운영되어 발생하였던 유사·중복 자격의 난립 문제, 그리고 이로 인한 비용의 증가, 자격기준의 불일치 문제 등을 효과적으로 해결하기 위한 목적으로 도입되었던 것이다.

그리고 이 국가기술자격제도는 제도 생성 이래로 지금까지 산업수요에 부응하는 인력들을 효과적으로 양성·공급하는데 기여하여 왔고, 그 결과 우리나라는 효과적 제도운영이라는 밑거름 하에 짧은 시간에 경제대국으로 성장·발전할 수 있었다.

이에 우리나라의 괄목할만한 경제성장 모델 등을 여러 나라에서 벤치마킹하고자 하는 움직임이 있었는바, 특히 동남아시아 등 여러 개발도상국들을 대상으로 한 우리나라의 발전경험을 공유하고자 하는 수요는 점차 급증하고 있다[1].

그리고 이와 더불어 최근 한류 열풍 및 일부 동남아·중앙아시아 국가의 '한국 배우기' 바람으로, 심지어 한국의 국가기술자격증 소지자는 박사보다 더 대접을 받는 등[2] 우리나라 국가기술자격제도에 대한 관심은 증가하고 있다.

---

[1] 따라서 그동안 기획재정부는 한국의 경제발전경험을 개발도상국과 공유하기 위한 정책자문사업으로서 KSP(Knowledge Sharing Program) 사업을 '04년부터 '10년까지 총 22개 개발도상국으로 대상으로 KDI(Korea Development Institute)와 함께 추진하여 왔다(박재현 외, 2011, *2011 경제발전경험모듈화 사업 : 직업능력개발을 위한 국가기술자격제도의 역할 및 기능*, 서문, 수정 및 보완.).

[2] 중앙일보, "한국 자격증, 베트남선 박사보다 더 대접," 2011.01.03. 사회 20면.

또한 미국 및 유럽연합(EU) 등과의 자유무역협정(FTA) 체결로 국가 간 인적·물적 자원의 상호 교류가 더욱 활발해지고 있고 특히, 우리나라 제2위 교역대상인 ASEAN(동남아시아 국가연합) 국가와의 '한-ASEAN FTA 체결'로 해당국가와의 인적·물적 교류를 위한 기반이 조성되었다.

따라서 우리나라 경제발전을 견인하고 여러 개발도상국의 관심을 받고 있는 우리나라의 국가기술자격제도는 개발도상국들을 대상으로 해외에 수출될 수 있고, 또한 이러한 대내외적 여건은 충분히 조성되었다고 판단된다.

이에 본 연구에서는 우리나라 국가기술자격을 국제화할 수 있는 방안 마련을 위하여 목표대상국을 선정, 목표대상국에 대한 환경 분석을 토대로 목표대상국에 맞는 국가기술자격 도입의 방향성을 제시하고자 한다.

이에 본 연구의 목적을 제시하면 다음과 같다.

첫째, 목표대상국의 환경을 분석하고 이를 토대로 우리나라 국가기술자격의 국제화를 위한 타당성을 검토한다.

둘째, 목표대상국의 니즈 즉, 캄보디아의 니즈에 부응할 수 있는 대상분야를 선정한다.

셋째, 우리나라 국가기술자격을 캄보디아에 도입할 수 있는 방안을 모색한다.

넷째, 우리나라 국가기술자격을 다른 개도국에 전파할 수 있도록 '국가기술자격의 현지화 방안'을 표준화한다.

2. 연구범위 및 구성

본 연구는 「국가기술자격의 국제화에 관한 연구」로서 모두 총 5개의 장으로 구성되어 있다.

첫째, 제1장은 서론으로서, 본 연구의 목적과 배경, 연구범위 및 구성, 연구방법, 본 연구를 통하여 기대되어지는 효과를 언급하였다.

둘째, 제2장은 캄보디아의 환경분석으로, 캄보디아의 사회·경제적 환경, 캄보디아의 학제 및 직업교육·훈련현황, 설문조사 결과분석을 제시하였다.

셋째, 제3장은 국가기술자격의 국제화를 위한 타당성 분석으로서, 우리나라 국가기술 자격의 현황, 국가기술자격의 국제화를 위한 타당성 분석 결과를 제시하였다.

넷째, 제4장은 국가기술자격의 캄보디아 도입방안으로서, 앞의 제3장에서 제시된 결과를 바탕으로 캄보디아 국가기술자격의 대상분야 선정, 그리고 이의 운영을 위한 추진체계를 캄보디아 정부측면과 공단측면, 정부 및 민간측면으로 구분하여 제시하였다.

다섯째, 제5장은 결론으로서, 본 연구의 결과를 요약하고, 연구의 의의 및 한계를 제시하였다.

3. 연구방법 및 기대효과

본 연구는 우리나라의 국가기술자격제도를 동남아시아 국가들을 대상으로 국제화시킬 수 있을 것인지, 그리고 국제화시킨다면 어떻게 국제화시킬 것인지 등 우리나라 국가기술자격의 국제화를 위한 방향성을 제시하는 것을 그 주된 목적으로 한다.

이에 본 연구에서는 우선적으로 연구에 필요한 문헌자료를 확보하였다. 즉 인터넷 사이트, 정부간행물 등을 통하여 목표대상국인 캄보디아에 관한 기본적인 자료를 수집 및 확보하였다.

그리고 현지 기관 방문을 통하여 한국에서는 수집할 수 없는 구체적인 자료들을 수집하였고, 이와 더불어 인터뷰 자료 등, 기타 자료도 확보하였다.

또한 캄보디아인들을 대상으로 한 설문조사를 위하여 설문지를 작성하였고, 설문지는 pilot test를 통하여 내용의 타당성 등을 검증, 수정·보완되었으며, 이후 캄보디아어로 번역되었다.

설문지는 우선 캄보디아 한국어능력시험 통역요원들을 대상으로 이메일로 배포되었고, 또한 캄보디아 현지 방문 시, 캄보디아 국가고용청(NEA : National Employment Agency)· 노동직업훈련부(MLVT : Ministry of Labor and Vocational Training) 직원 및 캄보디아 기술훈련대학(NPIC : National Politechnic Institute of Cambodia)·프놈펜 왕립대학(RUPP : Royal University of Phnom Penh) 학생들을 대상으로 배포 및 수거되었다.

그 결과, 설문지는 총 124부가 수거되었고, 이는 SPSS 12.0을 통하여 빈도, 평균 등이 분석되었다.

이에 본 연구를 통하여 다음과 같은 기대효과가 예상된다.

첫째, 우리나라 국가기술자격의 국제화를 위한 타당성을 분석함으로써 향후 국가기술자격의 수출을 위한 기반이 마련될 수 있다.

둘째, 우리나라 국가기술자격을 다른 개도국에 전파할 수 있도록 '국가기술자격의 현지화 방안'을 표준화할 수 있다.

셋째, 공단의 수종산업으로서 국가기술자격의 역할을 전환시킬 수 있다.

II. 캄보디아의 환경분석

본 장에서는 「국가기술자격의 국제화에 관한 연구」를 수행하기 위하여 우선 '캄보디아의 환경'을 분석하고자 하였다. 구체적으로는 캄보디아의 사회·경제적 환경, 캄보디아의 학제 및 직업교육·훈련현황, 설문조사 결과분석에 대하여 제시하였다.

1. 캄보디아의 사회·경제적 환경

본 절에서는 캄보디아의 사회·경제적 환경을 제시하였다.

1) 사회적 환경[3]

캄보디아 현재 총 인구는 2008년을 기준으로 약 1,340만명으로 연간 인구증가율은 1.54%이다. 수도이자 가장 큰 도시인 프놈펜에 약 130만명이 거주하고 있으며 도시 인구의 비율은 약 19.5%이다.

캄보디아 인구의 연령별 구성을 살펴보면 다음과 같다.

<표 II-1> 캄보디아 인구의 연령별 구성현황

연령	어린이 (0~14세)	경제활동인구 (15~64세)	노인 (65세 이상)	합계
구성비(%)	33.7	62	4.3	100

(자료 : *2008년 캄보디아 총인구조사*, 2009.9.(*National Report on Final Census Result*))

캄보디아의 인종구성을 보면 대부분이 크메르족(90%)이며, 이외 소수인종으로는 참인(Cham), 베트남인 및 중국인 등 약 30여 인종이 분포한다.

---

[3] 캄보디아개발위원회(CDC), 2010, *캄보디아 투자환경(Cambodia Investment Guidebook 2010)*, pp.4~5. 수정 및 보완.

캄보디아의 종교를 살펴보면, 불교가 헌법에 의해 국교로 지정되었고(헌법 제43조), 인구의 약 90%가 불교신자이며, 이외에 이슬람, 기독교 및 기타 종교가 소수 존재한다.

캄보디아의 언어를 살펴보면, 공식 언어는 크메르어이며 성인의 비문맹률은 2008년 현재 전체 77.6%로, 남성이 85.1%, 여성이 70.9%를 차지한다[4]. 또한 캄보디아에서는 지식층 및 비즈니스계를 중심으로 불어 및 영어를 통용하며, 대다수의 공무원들은 영어로 자유로운 의사소통이 가능하다. 그리고 화교사회를 중심으로는 중국어가 통용되고 있다[5].

캄보디아의 통화를 살펴보면, 공식통화는 리엘(Riel)[6]이지만, 경제 전반에 걸쳐 미 달러화가 통용되고 있다.

캄보디아의 정치제도를 살펴보면, 캄보디아는 입헌군주제로 헌법상 캄보디아는 자유민주주의와 복수정당제도의 정책을 채택하고 캄보디아 국민이 나라의 주인이라고 규정하고 있다. 헌법은 또한 입법부, 행정부 및 사법부 권한이 분리된다고 규정하고 있다[7].

캄보디아의 외교정책을 살펴보면, 캄보디아는 93년 총선 이후 본격적인 자유시장 경제를 도입하고 있으며 현재 미국, 일본, EU 등 27개국으로부터 GSP수혜를 받고 있다. 그리고 이러한 서방과의 관계개선을 위하여 비동맹, 중립노선, 친서방 외교노선을 중시하고 있다.

특히 주변국인 베트남, 태국과는 선린외교를 펼치고 있으며 앞선 기술과 제도를 도입하거나 벤치마킹하는데 주력하고 있다[8]. 한편 라오스와는 가장 호의적인 관계를 지니고 있다.

이외 캄보디아는 기타 아세안 국가들과도 우의를 다지기 위해 노력하고 있으며 1999년 4월 ASEAN의 10번째 회원국으로 정식 가입되면서 지역경제 협력에 동참하고 있다[9].

이에 캄보디아의 주요 국제기구 가입현황을 살펴보면 다음과 같다.

---

[4] 2008년 캄보디아 총인구조사, 2009.9.(National Report on Final Census Result).
[5] 한국산업인력공단, 2007.12., "내부자료," p.2. 일부 수정 및 보완.
[6] CR(Cambodian Riel)로 표기(한국산업인력공단, 2007.12. "내부자료".).
[7] 캄보디아 헌법 제51조(캄보디아개발위원회(CDC), 2010, 앞의 책, p.1).
[8] 캄보디아의 헌법에서는 캄보디아의 영속적인 중립과 비동맹 정책을 선언하고 있다. 캄보디아 왕국은 인접 국가와 세계의 여러 다른 나라들과의 평화적 공존 정책을 따르며, 어떠한 국가도 침략하지 않고 다른 나라의 내정 문제에 직접 또는 간접적으로 간섭하지 않으며, 상호 이익을 존중하며 평화적으로 모든 문제를 해결한다. 캄보디아 왕국은 자신의 중립정책과 양립할 수 없는 군사적 동맹 또는 협정을 맺지 아니한다(헌법 제53조)(캄보디아개발위원회(CDC), 2010, 앞의 책, p.3).
[9] 한국산업인력공단, 2007.12., "앞의 자료," p.8.

<표 II-2> 캄보디아의 주요 국제기구 가입현황(2009년 기준)

주요 국제기구	가입연도
국제전기통신연합(ITU)	1952
국제연합(UN)	1955
아시아개발은행(ADB)	1966
만국우편연합(UPU)	1969
국제부흥개발은행(IBRD)	1970
국제개발기구(IDA)	1970
세계지적재산권기구(WIPO)	1995
국제금융공사(IFC)	1997
국제투자보증기구(MIGA)	1999
동남아시아국가연합(ASEAN)	1999
국제노동기구(ILO)	1999*
세계관세기구(WCO)	2001
세계무역기구(WTO)	2004
아시아생산성기구(APO)	2004
국제투자분쟁처리센터(ICSID)	2005
국제열대목재기구(ITTO)	2009

*주 : 캄보디아는 1999년 국제노동기구(ILO)의 6가지 기본협정을 비준하였다.
(자료 : 캄보디아 국제협력부(캄보디아개발위원회(CDC), 2010, *캄보디아 투자환경 (Cambodia Investment Guidebook 2010)*, pp.3~4.에서 재인용).

2) 경제적 환경

캄보디아의 경제적 환경은 크게 주요 경제지표 현황, 주요 산업 현황, 노동시장 현황, 무역현황으로 구분하여 살펴보았다.

이에 각 부분별로 제시하면 다음과 같다.

(1) 주요 경제지표 현황[10]

주요 경제지표 현황은 국내총생산(GDP), GDP 구성, 1인당 국민총소득(GNI), 소비자 물가지수(CPI), 경제자유지수로 구분하여 살펴보았다.

가. 국내총생산(GDP)

캄보디아의 최근 5년간 GDP 성장률은 평균적으로 연 10%에 이르렀다. 그러나 세계적인 경기침체의 여파로 성장률은 다소 감소하였다.

달러 기준으로 1인당 GDP는 달러 대비 리엘이 급격히 절하되었던 1998년 이래로 꾸준히 증가하여, 2011년에는 미화 802달러를 기록하였다[11].

이에 캄보디아 국내총생산 변화추이를 살펴보면 다음과 같다.

<표 II-3> 캄보디아 국내총생산 변화추이

연도	'04년	'05년	'06년	'07년	'08년	'09년	'10년
국내총생산 (미국달러)	5,338	6,293	7,274	8,639	10,352	10,458	11,343
1인당 국내총생산 (달러)	405	471	538	632	749	748	802

(자료 : 세계은행)

나. GDP 구성

캄보디아 실질 GDP의 구성은 다음의 <그림 II-1>과 같다.

그림에서 보는 바와 같이 2005년도와 2009년도[12]의 GDP 구성비율은 '서비스>농업·어업

---

10) 캄보디아개발위원회(CDC), 2010, 앞의 책, pp.6~12. 수정 및 보완.
11) 외교통상부, 2011.10, "캄보디아 개황".
12) 2009년 수치는 추정치로 작성되었다(캄보디아개발위원회(CDC), 2010, 앞의 책, pp.9~10. 수정 및 보완.).

및 임업>공업13)' 순이었으며, 2005년도와 2009년도의 GDP 구성을 비교하여 살펴보면, 우선 농업·어업 및 임업이 전체에서 차지하는 비율은 29%에서 27%로 감소하였으며, 또한 공업도 27%에서 26%로 하락하였다.

<그림 II-1> 캄보디아 실질 GDP의 구성

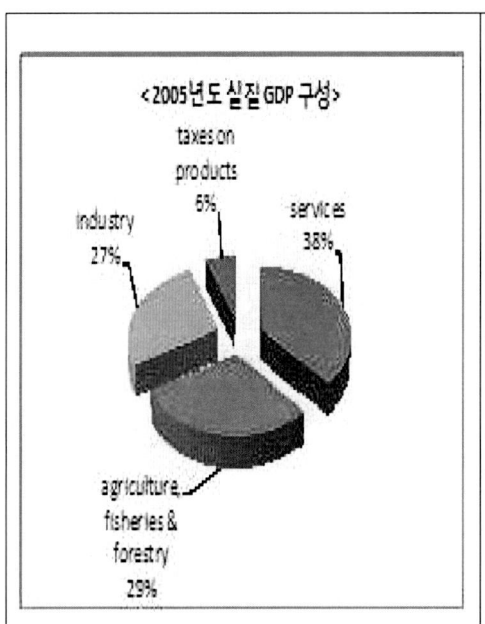
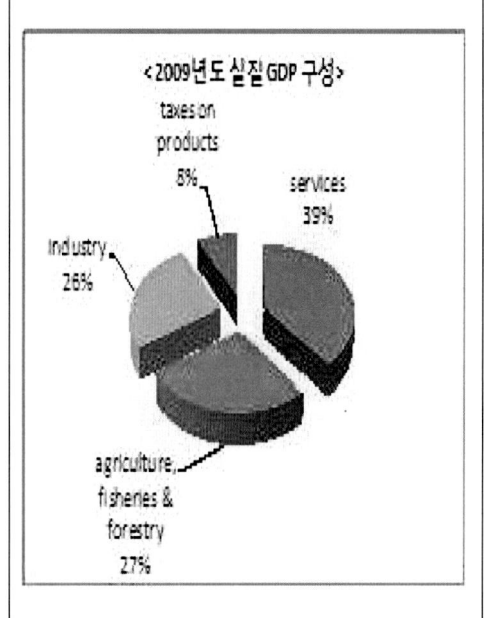

(자료 : 캄보디아 산업자원부(CDC, 2010, 앞의 책, p.10.에서 수정 인용))

캄보디아의 산업별 GDP 구성을 살펴보면 다음과 같다.
다음의 표에서 보는 바와 같이 캄보디아는 인근 다른 개도국에 비하여 라오스와 함께 아직 산업화 초기 단계에 있다고 할 수 있다.

---

13) 서비스업(service)에는 무역, 호텔 및 식당, 운송 및 통신, 부동산, 기타 서비스가 포함되고, 농업·어업 및 임업(agriculture, fisheries & forestry)에는 작물, 가축 및 가금류, 어업, 임업 및 벌목이 포함되며, 마지막으로 공업(industry)에는 제조, 섬유·의류 및 신발류, 기타 제조업, 건설이 포함된다 (캄보디아개발위원회(CDC), 2010, 앞의 책, p.9. 수정 및 보완.).

<표 II-4> 주요 동남아시아 국가들의 GDP 구성(2008년 기준)

(단위 : %)

국가	농업	공업	서비스
캄보디아	32.5	22.4	45.1
인도네시아	14.4	48.1	37.5
라오스	32.1	27.8	40.1
말레이시아	10.1	47.6	42.3
미얀마	46.7('05년)	19.4('06년)	37.1('06년)
필리핀	14.9	31.6	53.5
싱가포르	0.1	26.0	74.0
태국	11.6	45.1	43.3
베트남	22.1	39.7	38.2

(자료 : 아시아개발은행(ADB), "2009년 아시아개발은행 주요지표"(CDC, 2010, 앞의 책, p.10.에서 재인용-)

다. 1인당 국민총소득(GNI)

아시아개발은행(ADB) 자료에 따르면, 캄보디아의 1인당 국민총소득(GNI)은 2002년부터 2007년까지 매년 미화 50달러씩 증가하였으며, 동남아 주요국의 1인당 국민총소득을 살펴보면 다음과 같다.

<그림 II-2> 동남아 주요국의 1인당 국민총소득(GNI)(2007년 기준)

(단위 : 달러)

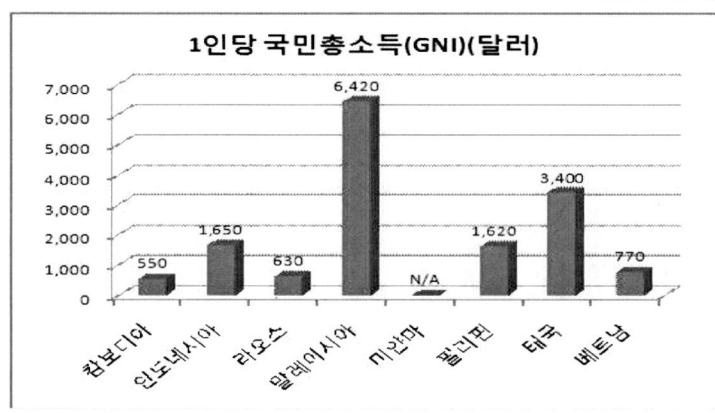

(자료 : 아시아개발은행(ADB), "2009년 아시아개발은행 주요지표"(CDC, 2010, 앞의 책, p.11.에서 재인용-).

라. 소비자물가지수(CPI)

캄보디아의 소비자물가지수(CPI)는 다음의 표에서 보는 바와 같이 2007년에는 10.8%, 2008년에는 13.5%까지 급등하였다가 이후 2009년에는 -0.7%, 2010년에는 4%로 안정되었다.

<표 II-5> 캄보디아 연간 소비자물가지수(CPI) 변동

(단위 : %)

구분	'04년	'05년	'06년	'07년	'08년	'09년	'10년
CPI	5.62	6.66	2.81	10.79	13.47	-0.7	4.0

(자료 : 캄보디아 국립은행 ; 외교통상부, "캄보디아 개황," 2011.10, 수정 및 보완)

마. 경제자유지수

미국의 헤리티지 재단이 발표한 '2009년 경제자유지수'에 의하면, 캄보디아는 아시아 태평양 지역 41개 국가 중 21위를 차지하였다. 캄보디아는 재정자유 및 정부규모에서 뛰어난 점수를 얻었고, 통화자유화에서는 선전하였다. 낮은 소득세 및 법인세율은 전체적으로 낮은 조세부담에 기여하였고 이로 인하여 재정자유에서 높은 점수를 얻었다. 그러나 기타 제도적 취약성으로 인하여 캄보디아는 여전히 전체적으로 경제자유점수가 낮다. 기업 활동의 자유, 무역자유, 재산권 보호 및 부패자유에서는 모두 현저히 낮은 점수를 얻었다. 캄보디아는 전체 경제자유 지수에서 56.6점을 얻어 2009년 지수에서 106위를 차지하였다.

<표 II-6> 캄보디아의 10개 경제자유지수 분야별 점수

(단위 : 점)

분야	점수	평균
기업 활동의 자유	42.7	64.3
무역자유	63.4	73.2
재정자유	91.4	74.9
정부규모	94.5	65.0
통화자유화	80.0	74.0
투자자유	50.0	48.8
금융자유	50.0	49.1
재산권보호	30.0	44.0
부패자유	20.0	40.3
노동자유	44.5	61.3

<주> 수치가 높을수록 해당 국가의 사업 환경이 더욱 자유롭다.

(자료 : 헤리티지 재단(CDC, 2010, 앞의 책, p.12에서 재인용)).

(2) 주요 산업 현황14)

캄보디아의 산업별 GDP 구성은 앞에서 제시한 바와 같이 서비스분야가 총 45.1%로 가장 많은 부분을 차지하며, 농업분야는 32.5%, 공업분야는 22.4%를 각각 차지한다.

이에 각 세부 산업별 GDP 성장률을 제시하면 다음과 같다.

<표 II-7> 캄보디아의 경제활동별 GDP 성장률

(단위 : %)

	GDP 성장률				
	'05	'06	'07	'08	'09*
농업, 어업 및 임업	15.7	5.5	5.0	5.7	4.3
작물	27.6	5.3	8.2	6.6	5.3
가축 및 가금류	5.6	8.2	3.7	3.8	5.4
어업	5.6	3.8	0.8	6.5	2.5
임업 및 벌목	5.1	7.0	1.1	0.9	1.1
공업	12.7	18.3	8.4	4.0	-1.0
제조	9.7	17.4	8.9	3.1	-1.0
섬유, 의류 및 신발류	9.2	20.4	10.0	2.2	-3.9
기타 제조업	17.3	15.0	6.8	6.5	9.0
건설	22.1	20.0	6.7	5.8	-2.6
서비스	13.1	10.1	10.1	9.0	3.2
무역	8.5	7.1	9.5	9.4	4.7
호텔 및 식당	22.3	13.7	10.2	9.8	-7.8
운송 및 통신	14.5	2.1	7.2	7.1	4.6
부동산 및 사업	7.8	10.9	10.7	5.0	3.7
기타 서비스	18.3	17.2	12.1	12.0	4.0
상품 세금	6.1	7.6	45.7	9.1	4.1

* '09년도는 추정치임

(자료 : 캄보디아 산업자원부(CDC, 2010, 앞의 책, p.9.에서 수정 인용))

---

14) 캄보디아의 주요 산업 현황은 '캄보디아 개발위원회(CDC), 2010, 앞의 책, pp.135~145.'를 중심으로 수정·보완정리하였다.

가. 의류 및 신발산업

캄보디아의 주요 산업별 동향을 살펴보면, 우선 의류산업부문은 1996년부터 미국 및 유럽 연합국가들이 제공한 일반특혜관세제도(이하 'GSP') 및 최혜국대우제도(이하 'MFN')와 캄보디아 왕립정부가 채택한 수출위주 전략 덕분에 캄보디아 수출산업의 추진력 역할을 수행해왔다. 즉 의류산업은 캄보디아 전체 수출의 70~80%를 차지하고 있으며, 또한 의류산업에 대한 투자는 2003년부터 2007년 사이 급증하였다.

캄보디아 의류산업의 주요 투자국은 대만, 중국, 홍콩이며, 본 산업의 성장은 캄보디아 국내 투자자보다는 대만, 중국 및 홍콩과 같은 외국 직접투자(FDI)에 의하여 주도되어왔다.

캄보디아 통계국이 출간한 2008년도 통계연감에 따르면, 2007년 캄보디아 대규모 사업장의 약 80%가 섬유산업, 의류 및 가죽산업이며, 본 산업분야에 약 370,000명의 근로자가 종사하고 있고 또한 해당 부문은 약 4%의 고용창출을 담당하고 있는 것으로 나타났다.

신발제조업은 의류산업과 함께 캄보디아의 주요 수출산업이다. 그러나 생산규모면에서는 의류산업에 미치지 못한다. 즉 2008년 기준으로 신발제조업이 전체 수출에서 차지하는 비율은 약 2.7%에 불과하였다. 신발제조업의 성장은 주로 외국기업에 의하여 주도되고 있으며, 생산된 제품들은 대부분 일본, EU 및 여타 국가들로 수출되고 있다. 신발제조업에 대한 CDC(캄보디아 개발위원회)의 승인내역을 살펴보면, 대만투자자들이 주요 투자자들이며, EU 국가들이 중국 또는 베트남에 대하여 반덤핑 규정을 적용함에 따라 이들 국가들에 대한 투자방식에 변화가 일어나게 되었고 그 결과 2006년 이후부터 캄보디아에 대한 외국인들의 직접 투자가 급격히 증가하게 되었다.

나. 기계 및 전기/전자산업

캄보디아의 기계 및 전기/전자 산업은 아직까지 개발 초기 단계이다. 캄보디아 산업자원부(MIME) 자료에 따르면, 2008년도 말 기준으로 캄보디아에는 약 570여개의 대규모 공장이 있으며, 그 중 21개는 기계 산업(가공금속제품 공장), 그리고 겨우 1개의 공장만이 전기/전자 산업으로 분류되었다.

2009년 7월 기준으로 캄보디아에서는 자동차 및 전기/전자 제품이 제조되지 않고 있다. 그러나 캄보디아 서부 꼬꽁주에 현대자동차 조립공장이 건설 중에 있으며, 한국소유 제조업체인 KTC도 2005년 12월 설립되어 현재 건물용 전선, 전력 케이블, 육상 전기 알루미늄 도체,

통신 케이블 등을 생산하고 있다. 또한 중국의 오토바이 제조업체도 현재 시아누크빌 SEZ (특별경제구역)에서 조립공장을 건설 중에 있다. 일본 계열사의 경우 캄보디아에서 활동하고 있는 업체는 오토바이 제조업체인 스즈키 모터 등이며, 일본기업 혼다의 태국 자회사는 현재 캄보디아에서 오토바이 조립부문에 투자하고 있다.

다. 농수산업 및 식품가공산업

캄보디아의 농업은 캄보디아 경제의 기간산업으로 꾸준히 성장하고 있으며, 2008년 전체 고용의 60%, GDP의 34.4%를 차지했다. 1995년부터 2007년까지 캄보디아의 농업은 특히 쌀, 옥수수, 카싸바 및 채소 재배 및 생산량 측면에서 눈부신 성과를 이루었다.

캄보디아 농업 및 농업관련기업 지원프로그램(CAASP)에 따르면, 농민의 사업시장 및 금융제도 접근성 향상을 위하여 설립된 농민기구(farmer org.)는 약 1,300개를 넘고 있으며, 쌀 도정업자 및 양돈업자 관련 협회 및 상공회의소가 전국적으로 12개 지역에 설립되었고, 이들 기관들은 주로 외국인 투자자 및 교육프로그램 지원을 위한 후원자 모색활동을 수행한다.

캄보디아의 수산업은 크게 내수면 어업, 연근해 어업, 양식어업의 세 가지로 구분된다. 내수면 어업은 2000년부터 2008년 사이 전체 어업 생산의 80%를 차지했으며, 캄보디아에는 468개의 어업공동체(CFs)에서 약 130,000 가구가 생활하고 있는데, 이 가운데 약 433개의 어업공동체가 내수면 어업에 종사하고 있다.

캄보디아의 식품, 음료 및 담배산업은 2002년부터 2007년 단기간동안 성장하였으며 전체 제조업의 9.4%를 차지하였다. 그러나 2007년 전체 GDP에 대한 해당 산업의 기여율은 1.9%에 불과하였다.

캄보디아 산업자원부에 따르면, 2009년 5월 현재, 산업자원부에 등록한 식품가공 관련 공장은 23개로 동물사료 및 밀가루 산업이 주를 이루고 있으며, 외국 기업이 전체의 40%를 차지한다. 이중 500명 이상의 사업장은 2곳으로 캄보디아의 식품가공산업은 초기 단계에 있다고 할 수 있다.

라. 천연고무산업

캄보디아의 천연고무산업은 캄보디아의 사회 경제적 발전을 이끌고 있는 주요 산업분야 중의 하나이다. 캄보디아 농림수산부(MAFF)에 따르면, 2008년 말 현재 전국적으로 10개의 고무재배 농장이 존재한다. 이 중 한 개의 농장만이 국영 농장이고 나머지는 민간 기업이 운영하는 농장이며, 현재 프랑스 개발청은 1994년 이후 농장의 소작농들에게 기술적·재정적 지원을 해오고 있다.

캄보디아에서 천연고무를 재배하고 있는 면적은 2006년 69,995헥타르에서 2008년 107,901 헥타르로 재배면적이 꾸준히 증가하고 있으며, 생산량도 이에 따라 꾸준히 증가하고 있다. 그러나 천연고무의 생산량은 세계 생산량의 0.4%에 불과하며, 국제시장에서의 단가는 비교적 낮은 편인데, 이는 캄보디아산 천연고무의 품질이 비교적 낮고 또한 대량공급이 어렵기 때문이다.

마. 관광산업

캄보디아의 관광산업은 캄보디아에서 급부상하고 있는 산업분야이다. 아래의 그림에서 보는 바와 같이 2004년 캄보디아를 방문한 관광객수는 100만명을 돌파하였고 이후 관광객수는 꾸준히 증가하고 있다15). 특히 한국인 관광객 수의 급증으로 한국인 관광객 수는 2004년 이후 외국 관광객 중에서 수위를 차지하고 있다16).

<그림 II-3> 캄보디아 방문 연간 관광객수

(단위 : 천명)

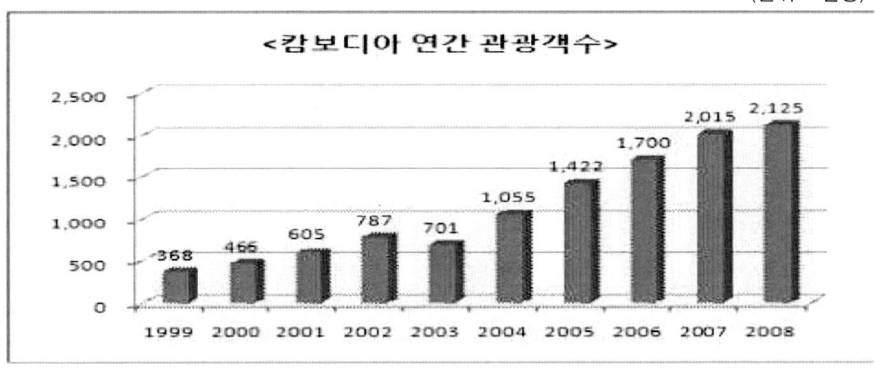

(자료 : 캄보디아 산업자원부(CDC, 2010, 앞의 책, p.144.에서 재인용).)

---

15) 2000년부터 ASEAN 역내 자유방문으로 인하여 인도차이나 전체의 대표적 관광지인 '앙코르와트'로 관광객 수가 급증하고 있으며, 앙코르와트 사원이 위치한 시엠립 시에는 호텔 및 리조트 개발사업이 활기를 띠고 있다(한국산업인력공단, 2009, *캄보디아 국가기술자격제도 구축사업 최종결과 보고서*, p.28.).

16) 특히 2006년에는 '경주-앙코르 엑스포'가 한국의 경상북도와 캄보디아 정부 공동으로 개최되어 한국관광객이 급증하였으며, 또한 일본, 중국, 미국, EU 관광객도 점차 증가하고 있다(한국산업 인력공단, 2009, *앞의 책*, p.28.).

(3) 노동시장 현황

캄보디아 노동시장의 가장 큰 특징 중의 하나는 인구분포 측면에서 청년층의 인구가 다른 연령층에 비하여 상대적으로 많다는 것이다.

우선 캄보디아의 전체 인구 현황을 연도별로 살펴보면 다음과 같다.

<그림 II-4> 캄보디아 전체 인구 현황

(단위 : %, 백만명)

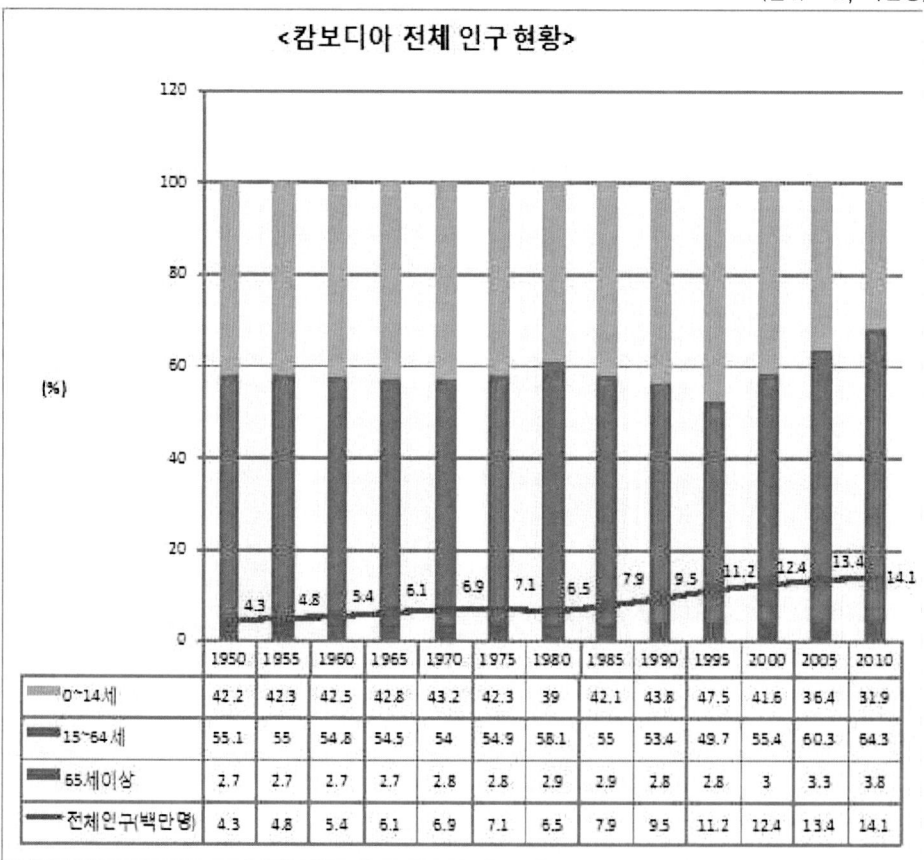

(자료 : 캄보디아 국가고용청(NEA), 2012, 내부자료.)

구체적으로 살펴보면 아래의 그림에서 보는 바와 같이, ASEAN 국가들 가운데 캄보디아는 전체 인구 구성에서 청년층(15~24세)이 차지하는 비율이 상대적으로 높은 것을 알 수 있으며, 또한 연령별 노동력의 분포도 청년층의 비율이 여타 다른 ASEAN 국가들에 비하여 상대적으로 높은 것을 확인할 수가 있다.

<그림 II-5> ASEAN 국가들의 연령별 인구분포

(단위 : %)

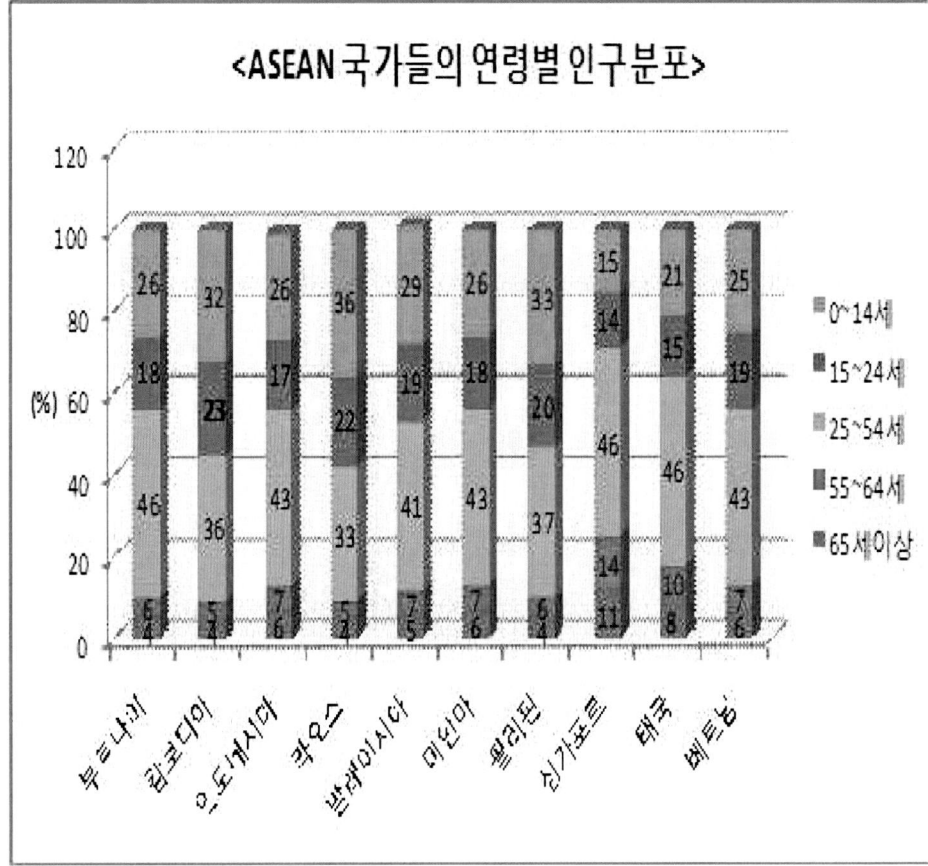

(자료 : 캄보디아 국가고용청(NEA), 2012, 내부자료.)

<그림 II-6> ASEAN 국가들의 연령별 노동력 분포

(단위 : %)

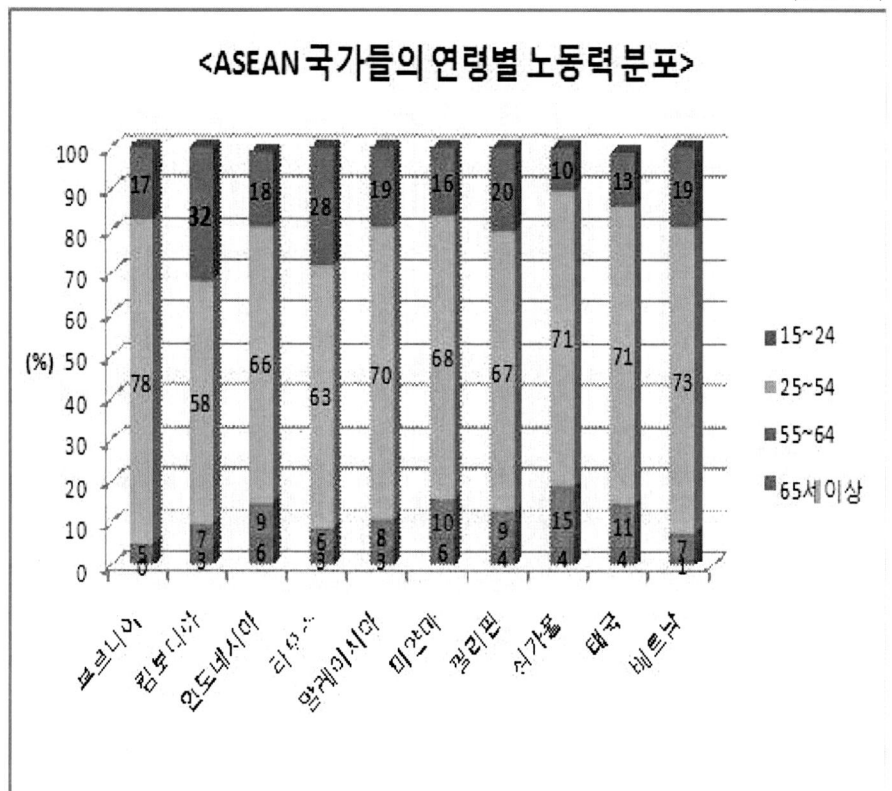

(자료 : 캄보디아 국가고용청(NEA), 2012, 내부자료.)

캄보디아 노동시장의 또 다른 특징 중의 하나는, 노동시장의 대부분이 농업중심이었으나, 점차 제조업과 서비스 분야의 비중이 확대되는 등 노동시장의 구조가 변화하고 있다는 것이다. 즉 다음의 그림에서 보는 바와 같이, 1993년도에는 고용 인구 총 390만 명 가운데 약 81%가 농업분야에 종사하고 제조업 분야에는 3%, 서비스 분야에는 16%가 종사하였으나, 2004년도에는 고용 인구 총 750만 명 가운데 농업분야에는 60.3%, 제조업분야에는 12.5%, 서비스분야에는 27.2%가 종사한 것으로 나타나, 노동시장의 구조가 점차 변화하고 있음이 확인되었다[17].

---

17) 한국산업인력공단, 2009, 앞의 책, p.29. 수정 인용.

<그림 II-7> 캄보디아 노동시장의 변화

(단위 : %)

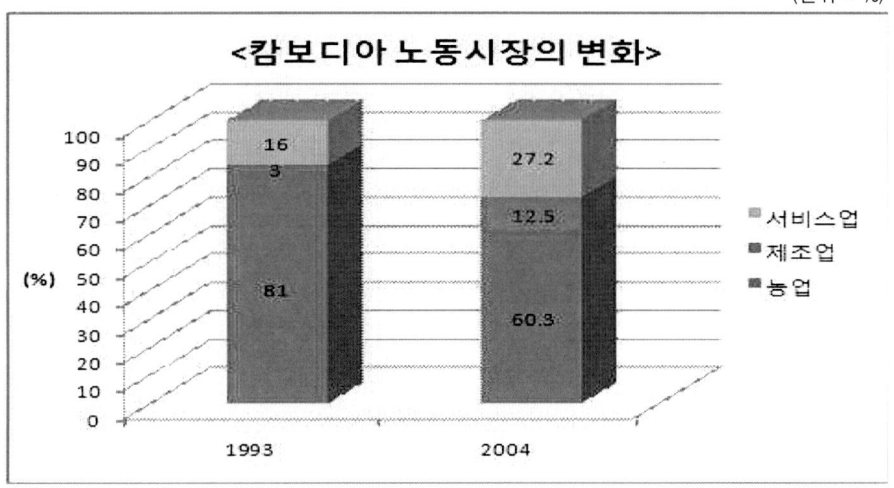

(자료 : 한국산업인력공단, 2009, *캄보디아 국가기술자격제도 구축 지원사업 최종결과보고서*, p.29. 수정.)

그리고 캄보디아의 노동시장은 도시와 농촌의 격차가 매우 크다는 것이 하나의 특징으로 지적될 수 있으며, 특히 캄보디아의 수도인 프놈펜 지역은 다른 지역과 매우 큰 격차를 보이고 있다. 즉 프놈펜의 경우 소매업 분야에 대한 경제활동이 가장 왕성하고 그 다음으로 공공분야, 봉제분야, 가내수공업분야에 대한 경제활동이 왕성한 반면, 기타 도시 지역에서는 곡물생산 분야에 대한 경제활동이 가장 왕성하고 그 다음으로 소매업, 목축, 어업분야에 대한 경제활동이 왕성한 편이다[18].

(4) 무역현황

캄보디아의 무역거래는 비교적 활발한 편으로 2008년도 수출액은 2000년에 비하여 3배나 성장하였다. 그러나 캄보디아의 무역수지는 급격한 수입증가로 인하여 적자를 기록하고 있다.

---
[18] 한국산업인력공단, 2009, *앞의 책*, p.29. 수정 인용.

<그림 II-8> 캄보디아의 무역수지

(단위 : us 백만달러)

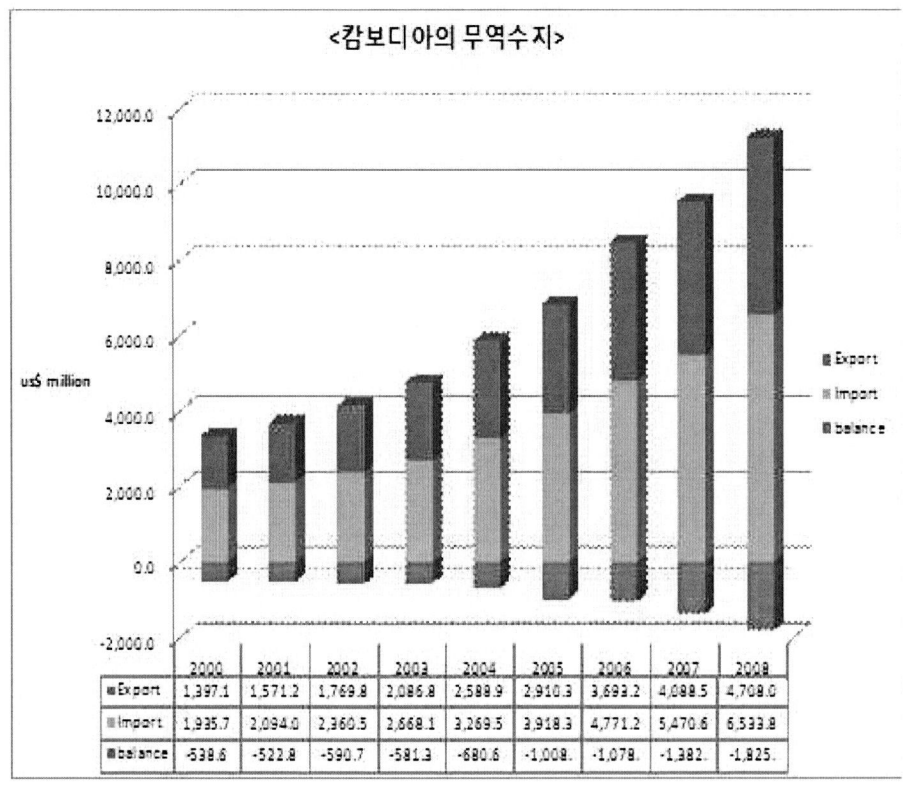

(자료 : 캄보디아 국립은행(CDC, 2010, 앞의 책, p.17.에서 재인용).)

캄보디아의 주요 수출 품목은 봉제의류, 천연고무, 목재 등이며 수출액은 지속적으로 증가하고 있다. 캄보디아 국립은행(NBC) 통계에 따르면, 2008년 캄보디아의 수출은 미화 47억 달러에 이른 것으로 나타났다.

구체적으로 캄보디아의 수출 품목을 살펴보면 1990년대 중반까지는 목재 및 고무 등 주로 1차 산업제품이 캄보디아의 수출을 주도하였다. 그러나 이후 의류 및 가공식품 등 기타 비전통적 제품이 캄보디아의 수출을 주도하게 되었다. 현재 의류는 캄보디아 전체 수출액의 70% 이상을 차지하고 있으며 미국은 의류분야의 최대 수출시장이다. 그리고 다음으로 홍콩, 중국, 유럽연합, 캐나다 및 베트남이 그 뒤를 잇고 있다.

캄보디아의 수요 수입 품목은 석유제품, 담배, 의약품, 자동차, 섬유류, 기계 및 운송설비(차량 및 오토바이), 광물성 연료 및 관련 원자재 등이며, 수입성장률은 수출성장률보다 훨씬 높아 2008년도에는 수입액이 미화 65억 달러에 이르렀다. 주요 수입국은 홍콩이며, 다음으로 중국, 대만, 태국, 베트남, 싱가포르, 한국이 그 뒤를 잇고 있다.

캄보디아는 선진국들이 시행하고 있는 일반특혜관세(GSP)의 수혜국 중 하나이다. 이 제도에 따라 원산지에 관한 규칙 등 해당 요건을 갖추면 수혜국들로부터 수입하는 많은 제품들에 대한 수입세가 감면된다. 특히 캄보디아는 최빈개도국(LDC)으로 분류되어 추가관세혜택이 부여되는데, 이에 따라 많은 제품에 대한 관세가 감면된다. 예를 들어 일본은 약 3,540개의 품목 및 의류·신발 등 추가 2,220개의 항목에 대하여 캄보디아에 대한 특혜관세를 부여하고 있다[19].

2. 캄보디아의 학제 및 직업교육·훈련현황

본 절에서는 캄보디아의 학제 및 직업교육·훈련현황에 대하여 제시하였다.

1) 캄보디아의 학제

캄보디아의 학제는 우리나라와 유사한 6(초등학교)-3(중학교)-3(고등학교)-4(대학교)의 학제를 유지하고 있다.

교육체계를 살펴보면, 우선 관장하는 기관은 MoEYS(Ministry of Education, Youth and Sports : 교육청소년스포츠부)와 MLVT(Ministry of Labor and Vocational Training : 노동직업훈련부)로서, General stream(일반계열)과 Technological stream(공학계열)은 MoEYS (교육청소년스포츠부)에서, Technical stream(기술계열)과 Vocational stream(직업계열)은 MLVT(노동직업훈련부)에서 관장한다.

캄보디아의 의무교육은 초등학교 1학년부터 6학년까지이며, 이후의 교육은 중학교 3년 (7~9학년), 고등학교 3년(10~12학년), 대학교 4년(또는 5년)이다. 그러나 학비를 정부에서 부담하는 것이 아니라, 개인이 부담하는 체제이기 때문에, 입학에서부터 졸업에 이르기까지

---
[19] 캄보디아 개발위원회(CDC), 2010, 앞의 책, pp.17~19. 수정 인용.

한 번에 졸업하는 경우는 많지 않다. 즉 학생들은 학비부담으로 중도에 학교를 그만두는 경우가 많고, 또한 다시 입학하는 경우도 많기 때문에 같은 학년이라 할지라도 나이가 모두 제각각이다.

캄보디아에서는 학교에서 일정교육과정을 이수한 후, 전국가적으로 실시되는 졸업시험에 합격하여야만 졸업증이 발급된다. 즉 수료와 동시에 졸업증이 발급되는 한국과는 달리, 캄보디아에서는 수료증과 졸업증이 별개로 존재하는데, 과정을 이수하면 수료증 (certificate)이, 졸업시험을 통과하면 졸업증(BAC : Bachelor)이 발급된다.

졸업증(BAC)에는 BAC Ⅰ(중학교 졸업증)과 BAC Ⅱ(고등학교 졸업증) 등이 있으며, BAC Ⅰ 획득 후에는 일반계 고등학교(general stream과 technological stream)와 기술계 고등학교(technical & vocational stream)를 선택하여 입학할 수 있다[20].

기술계 고등학교의 경우, 수업수료 1년마다 certificate를 획득하며, certificate 획득 후에는 직업세계에 들어갈 수 있는데, 즉 학생들은 1년마다 직업세계에 진출할지 학교에서 과정을 더 이수할지 선택할 수 있다.

이에 캄보디아의 학제를 그림으로 제시하면 다음과 같다.

---

[20] 캄보디아의 학제는 크게 3가지로 구분된다. 즉 일반계열(general stream), 공학계열(technological stream), 기술 및 직업계열(technical & vocational stream)로 구분된다(한국산업인력공단, 2012, 캄보디아 현장조사 결과보고 자료).

<그림 II-9> 캄보디아의 학제

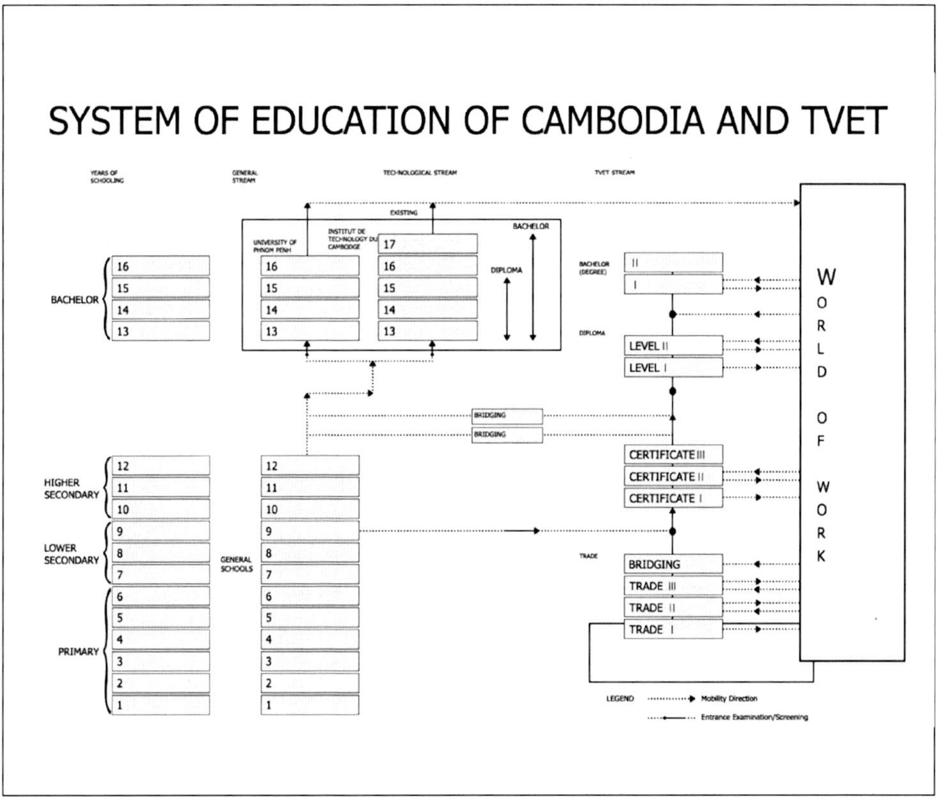

SYSTEM OF EDUCATION OF CAMBODIA AND TVET

(자료 : 한국산업인력공단, 2012, 캄보디아 현지조사 자료.)

 캄보디아에서는 현재 교육개방이 이루어져 외국계 대학분소 등 교육기관이 단과대 위주로 6~7개 정도가 존재하며, 2002년부터는 석사과정이 개설·운영되고 있고, ICT 등 일부 대학에서는 2005년부터 박사과정도 신설되고 있는 등(2007년 기준), 현재 캄보디아 정부에서는 교육부분에 대한 투자를 확대하고 있는 추세이다[21]. 이에 사립을 제외한 캄보디아의 공립교육기관 현황을 살펴보면 다음과 같다.

---

21) 한국산업인력공단, 2009, 앞의 책, p.31. 수정 인용.

<표 II-8> 캄보디아의 공립고등교육 및 중등 실업계 학교 현황

교육기관	2001-2002			2002-2003		
	Hig	Sec	Pri	Hig	Sec	Pri
고등교육기관						
Royal University of Fine Arts	726	80	175	730	248	559
Institute of Agriculture	713			1,190		
Royal University of Phnom Penh	2,523			6,042		
University of Health Science	930			986		
University of Maharishi Vedic	424			905		
Faculty of Laws and Economic	807	480		4,667	155	
Faculty of Pedagogy	300					
National Institute of Management	1,022				364	
Institute of Technology of Cambodia	187	220				
실업계 학교						
Regional School for teacher		2,268			3,130	
School Training Provincial Teachers			5,902			
School for Medical in Battambang					271	
School of Agriculture Prek Leap		160			1,001	
School of Post & Telecommunication					75	
School of Planning			100		308	
School of Industry		105	105		173	161
School of Physical Education					240	
Technical School for medical care		170			568	
Medical School in Kampongcham		90			180	
Medical School in Kampot		90			196	
Transport in Shinhanouk City			60			64
Technical School Preah Kossamak		180	180	60	551	181
Professional Training in Battambang		144			211	

(자료 : 캄보디아 교육부, 2004(한국산업인력공단, 2009, 앞의 책, p.32. 재인용)).

캄보디아의 취학률은 2004년 유네스코 통계에 따르면, 초등교육은 98%, 중등교육은 26%, 고등교육은 3%로 나타났으며, 특히 중등교육과 고등교육의 취학률이 상대적으로 낮게 나타나고 있어 배움의 기회를 갖지 못하는 청소년층이 많아 새로운 사회문제로 대두되고 있고, 또한 농촌 지역에서는 학령기의 아동들이 가내 소득활동이나 가사노동에 투입되고 있어 학습기회를 상실하는 사례가 많다22).

캄보디아에서는 학위와 자격증이 구분되지 않는다. 즉 학교에서 일정 교육과정을 이수하면 부여되는 certificate 및 BAC, diploma, degree, bachelor 등이 자격증과 혼용하여 사용되고 있다23).

이에 캄보디아의 국가자격체계(CQF)를 제시하면 다음과 같다.

<표 II-9> 캄보디아의 국가자격체계(CQF)

CQF Level	MLVT + NTB TVET	MoEYS + ACC Higher Education
8	Doctoral degree	Doctoral degree
7	Master of Technology/Business	Master Degree
6	Bachelor of Technology/Engineering/Business	Bachelor Degree
5	(Higher)Diploma	Associate Degree
4	Technical & Vocational Certificate III	
3	Technical & Vocational Certificate II	
2	Technical & Vocational Certificate I	
1	Vocational Certificate	

(자료 : 한국산업인력공단, 2012, 캄보디아 현장조사 결과보고 자료.)

---

22) 한국산업인력공단, 2009, 앞의 책, p.33. 수정 인용.
23) 캄보디아에는 엄밀한 의미의 국가직업자격제도가 없으며, 의사, 자동차 운전, 항공기 조종사 등의 면허제도가 다소 변칙적으로 운영되고 있다(한국산업인력공단, 2009, 앞의 책, p.42. 수정 인용).

2) 캄보디아의 직업교육·훈련현황24)

캄보디아의 직업교육·훈련현황에서는 캄보디아 직업교육·훈련(TVET25))을 위한 정부조직, 직업교육·훈련 장기 발전계획, 직업교육·훈련 운영 현황으로 구분, 각각에 대하여 제시하였다. 이에 각 부문별로 제시하면 다음과 같다.

(1) 캄보디아 직업교육·훈련을 위한 정부조직

캄보디아의 직업훈련은 2004년 이전까지는 각 부처별로 산재되어 운영되었으나, 2004년 정부조직개편으로 노동직업훈련부(MLVT)가 새롭게 신설되면서(Sub-Decree on the organization and functioning of the Ministry of Labor and Vocational Training, No. 52 ANKr.BK, 2004년 발효) MLVT가 캄보디아 내 직업교육훈련을 총괄하고 있다.

이에 MLVT의 조직체계를 제시하면 다음과 같다.

<그림 II-10> 캄보디아 MLVT의 조직체계

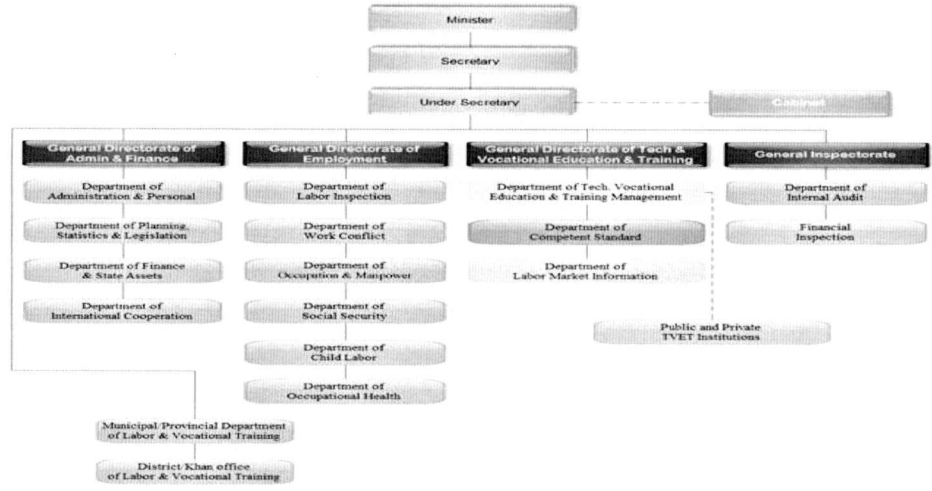

(자료 : 한국산업인력공단, 2012, 내부자료.)

---

24) 캄보디아의 직업교육·훈련현황은 '한국산업인력공단, 2009, 앞의 책, pp.34~44.'를 중심으로 내용을 수정·보완하여 새롭게 다시 정리하였다.
25) TVET : Technical and Vocational Educational and Training.

새롭게 신설된 MLVT는 크게 노동분야(Labor Field), 직업훈련분야(Vocational Training Field)로 나누어지는데 이를 세분하면 재정행정국(General Directorate of Administration and Finance), 고용국(General Directorate of Employment), 직업훈련국(General Directorate of Technical and Vocational Education and Training), 감사국(General Directorate of Inspection), 의회담당국(Cabinet of Minister) 등으로 구분되어 있다.

재정행정국 아래에는 모두 4개의 하위부서가 있는데, 총무부(Department of Administration and Personnel), 기획부(Department of Planning, Statistics and Legislation), 재정부(Department of Finance and State Assets), 국제협력부(Department of International Cooperation) 등이 그것이다.

고용국 아래에는 6개의 하위부서가 있는데 노동감사부(Department of Labor Inspection), 노동조정부(Department of Work Conflict), 고용인력부(Department of Occupation and Manpower), 사회안전부(Department of Social Security), 아동노동부(Department of Child Labor), 직업보건부(Department of Occupational Health)등이 있다.

직업교육훈련총국(차관보급)의 하위부서에는 직업교육훈련부(Department of Technical and Vocational Education and Training Management), 국가능력기준부(Department of Competent Standard : DCS), 노동시장정보부(Department of Labor Market Information)가 있다.

직업교육훈련부에서는 관련 규정, 훈련기관의 관리, 관련 자료의 취합, TVET의 기획 및 실행, 기관평가 등을 담당하고 있으며, 국가능력기준부(DCS)에서는 능력기준실, 검정실, 기능인증실, 기능개발실, 그리고 검정센터 등으로 나누어서, 직무분석, 국가자격제도, 교육과정개발, 기능대회 준비, 산학협력, 검정제도, 수료 및 인증서 관리 등을 담당하고 있다.

또한 민간 및 공공기관 대표로 구성된 국가훈련위원회(NTB : National Training Board)가 존재하여, 국가직업능력표준 심의, 노동시장 분석, 직업교육훈련에 대한 품질관리 등 캄보디아 직업교육훈련에 관한 중요의사결정기관으로서의 역할을 담당하고 있다.

<그림 II-11> 캄보디아 직업교육훈련 품질관리 메커니즘

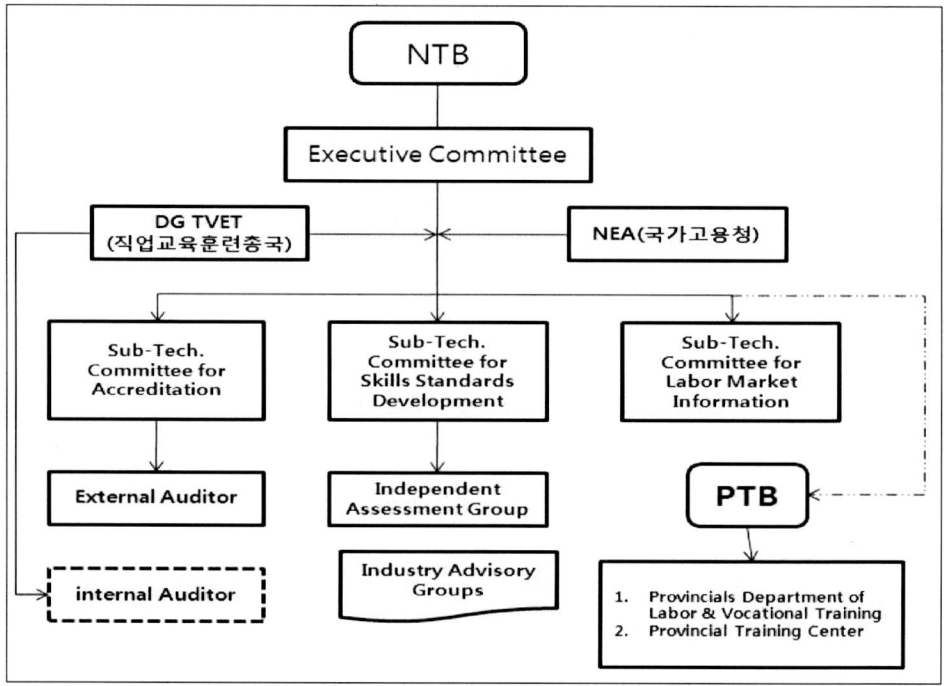

(자료 : 한국산업인력공단, 2012, "내부자료".)

(2) 캄보디아 직업교육·훈련 장기 발전계획

노동직업훈련부 산하 직업교육훈련총국(DGTVET)에서 관리하는 훈련기관은 24개 주(州)별 지역훈련원(Provincial Training Center : PTC)을 포함하여 모두 38개의 기관과 센터가 있다. 이와는 별도로 여성복지부(Ministry of Women and Veterans Affairs)에는 11개의 여성개발 센터가 있다. 동 직업교육훈련총국은 인적자원의 양성과 생산성을 향상시키는 정책의 총괄 기능을 맡고 있으며, 범 부처적 추진을 위해 국가훈련위원회(NTB)가 지원역할을 담당하고 있다.

기타 관광청, 농림부, 문화부, 사회재활부 등에 직업훈련시설이 있으며, NGO는 대부분이 Don Bosco 훈련원26)을 제외하고는 소규모로 운영되고 있고, 현재 12개국에 NGO 센터가 운영 중에 있다. 또한 이와는 별도로 200여개의 훈련과정이 분야별로 기부금에 의해 운영

─────────
26) Don Bosco 훈련원은 가톨릭 재단으로 프놈펜과 시아누크시에서 운영중에 있다.

되고 있다.

  캄보디아 정부는 ADB(세계개발은행)의 지원으로 25개년 개발계획을 마련하였는데, 이는 크게 네 단계로 구분될 수 있다.

  첫 번째 단계는 1995년부터 2004년까지의 기간으로 국가 TVET 능력기반시스템 구축, 각 지역(24개) TVET 시설의 보완 등을 주요 내용으로 하였으며, 두 번째 단계는 2005년부터 2008년까지로 국가훈련위원회(NTB)의 강화, 국가 TVET 개발계획 수립, TVET를 지원하기 위한 부서의 역량 강화, 평등화 정책의 확대, 주훈련센터(PTC)의 강화, 학교 중퇴자의 보호, 바우처 프로그램(Voucher Skills Training Program) 도입, PTC의 예산 지원, 사설분야의 TVET 개선, 기업분야 직업훈련의 강화 등을 주요 내용으로 하였다.

  세 번째 단계는 2009년부터 2014년까지로 산학연계제도 구축, 능력기준 프로그램의 확장, 산업체 직원의 연수 확대, 모든 24개 지역 PTC에 프로그램과 바우처 제도의 확대 등을 주요 내용으로 하며, 마지막으로 네 번째 단계는 2015년 이후 단계로 원격교육실시, 국제기준에 부합하는 산학연계, 각 지방(Province)에 기술센터 구축, 지역기술센터 구축 등을 주요 내용으로 하고 있다.

(3) 캄보디아 직업교육·훈련 운영 현황

  노동직업훈련부는 2004년에 설치되어 당시 교육부의 고등교육국 및 노동사회부 관련부서 직원으로 구성·출범하였으며, 최초로 4개 훈련원을 인수받아 직업훈련사업에 착수하였고, 2008년 기준으로 현재 38개 훈련원을 운영하고 있다.

  현재 직업훈련교사를 양성하는 NTTI와 NPIC 등이 기술공(technician) 이상의 과정을 운영하고, NIB(National Institute of Business) 등 6개 기관에서 학사과정까지 부분적으로 운영하고 있다.

  훈련과정은 기능공 양성과정이 대부분이며, 이에는 지방의 빈곤퇴치를 위하여 벼재배, 가금류, 목축, 예식장/장례 서비스, 관광 직종의 분야에 대한 훈련프로그램도 포함되어 있다.

  캄보디아 정부의 TVET 정책은 두 가지 트랙으로 구성되어 있으며, 첫 번째 트랙은 농촌 빈곤층의 수입을 증가시키기 위한 빈곤감소-기본 스킬 Track[27]이며, 두 번째 트랙은 현재

---

27) 현재 캄보디아 내 지방사람들의 80%정도가 농업에 종사하기 때문에 이들의 빈곤감소를 위한 정책이 정부 TVET 정책의 첫 번째 정책이다(한국산업인력공단, 2012, 캄보디아 출장 해외 인터뷰 자료.).

산업 또는 미래 산업에서 요구되는 높은 수준의 스킬 개발 지원을 위한 Track이다. 이에 캄보디아의 TVET 개발 플랜을 제시하면 다음과 같다.

<표 II-10> 캄보디아의 TVET 개발 플랜

세부 구성	정 책
Macro Polices	· Policy 1 : Poverty Reduction
	· Policy 2 : Decentralization
	· Policy 3 : Supporting Enterprise Growth with a Skilled Workforce
Development Policies to Support Macro Policies	· Policy 4 : Out of School Youth
	· Policy 5 : Self-employment
	· Policy 6 : Micro Credit
	· Policy 7 : Small Enterprise
	· Policy 8 : Community & Enterprise Based Training
Enabling Policies to sustain demand driven TVET system	· Policy 9 : PPP*-Financing of TVET
	· Policy 10 : PPP-Enterprise Involvement in TVET
	· Policy 11 : PPP-Expanding provision of TVET
	· Policy 12 : Assuring Quality of TVET provision
	· Policy 13 : Quality of TVET Leadership, Management & Coordination
	· Policy 14 : Labor Market Information
	· Policy 15 : Competency Standards

* PPP : Public-Private Policy
(자료 : 한국산업인력공단, 2012, 캄보디아 현장조사 결과보고 자료.)

노동직업훈련부 직업교육훈련총국은 빈곤퇴치와 고용증대를 위해 직업훈련시설을 증대시키도록 추진하고 있으나 고용주에게 수료자의 능력을 제대로 보증하지 못하고, 또한 청년층에게는 직업훈련 효과를 효과적으로 알려주지 못하며, 이와 더불어 일반국민들의 직업교육훈련에 대한 인식도 긍정적이지 않은 점 등 현재 캄보디아의 직업교육훈련정책은 계획한대로 충분히 실행되고 있지 못하다.

이에 현재 노동직업훈련부에서는 직업기술교육에 대한 인식개선 및 홍보를 위하여 직업교육 장려운동(National promotion campaign of TVET)을 펼치고 있으며, 또한 교육과 훈련을 연결시켜 주는 중개 프로그램(Bridging program)28) 등을 개설하고, 국가자격체계(National Qualification Framework)를 제정, 학위과정과의 연계를 추진하고 있다.

이외에 캄보디아에서는 노동직업훈련부 이외에도 직업교육훈련을 실시하고 있는 경우가 있는데, 우선 다른 중앙부처와 NGO 단체 등에서도 직업교육훈련을 실시하고 있다. 즉 수송, 전력공급, 농업 개발을 위하여 관계 중앙부처가 기술 및 기능 훈련을 위하여 전문대학을 운영하기도 하며, 여성부에서는 극빈자와 문맹자를 위하여 22개의 훈련센터를 운영하고 있다.

또한 NGO 단체에서는 후원단체의 기금 성격과 설립 목적에 따라 소규모 훈련 시설을 운영하고 있으며, 특히 인구 밀집 지역인 프놈펜, 바탐방, 시엠립, 시아누크빌 등을 중심으로 비교적 단기 훈련과정을 운영하고 있다.

그리고 사설 학원에서도 직업훈련을 실시하고 있는데, 주로 외국어와 IT중심의 컴퓨터 과정이 많으며 해마다 훈련인원수가 증가하고 있는 추세이다.

기업의 경우에는 기업 자체적으로 직업교육훈련을 시키고 있는데, 예를 들어 일본기업인 MINIBEA(주)에서는 자사 직원들을 위한 자체 직업교육훈련 프로그램을 개발하여 직원들을 훈련시키고 있다29).

3. 설문조사 결과분석

설문조사 결과분석에서는 캄보디아 국적자를 대상으로 한 설문조사결과를 분석·제시

---

28) 2012년 11월 캄보디아 현지조사 결과, 현재 Bridging program은 개설되어 있기는 하나, 운영되고 있는 것은 없었다.
29) 2012년 11월 캄보디아 현지 인터뷰 내용.

하였다. 구체적으로 설문조사 결과분석은 크게 인구통계학적 특성, 한국의 자격증에 대한 인지, 자격증의 필요성에 대한 인지 항목으로 구분될 수 있다.

1) 인구통계학적 특성

본 설문조사는 캄보디아 국적자들 대상으로 실시되었으며, 구체적으로는 프놈펜왕립대학(RUPP)·캄보디아 기술훈련대학(NPIC) 등에 재학중인 학생, 국가고용청(NEA)·노동직업훈련부(MLVT) 등에 재직중인 공무원, 한국 우송대학교에 유학중인 캄보디아 학생, 기타 EPS 캄보디아 센터에서 통역요원으로 참여하였던 캄보디아인 등이 설문대상이었다. 설문지는 연구자 본인이 직접 면대면으로 배포 및 수거하였으며, 총 124개의 설문지가 수거되었다.

설문대상자의 인구통계학적 특성은 성별, 연령, 혼인상태, 직업으로 구분되어 분석되었으며, 이를 제시하면 다음과 같다.

(1) 성별

설문응답자의 성별 특성을 살펴보면, 전체 응답자 총 124명 가운데 남성이 총 63.6%, 여성이 총 36.4%로 나타났다.

<그림 II-12> 설문응답자의 성별 특성

성 별	비율(%)
남 성	63.6
여 성	36.4
합 계	100.0

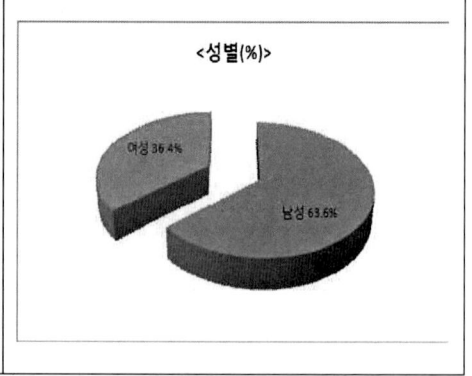

(2) 연령

설문응답자의 연령별 특성을 살펴보면, 전체 응답자 가운데 20대가 총 72.9%로 가장 많은 분포를 보였고, 30대는 총 16.9%로 두 번째로 많은 분포를 보였다.

<그림 II-13> 설문응답자의 연령별 특성

연령	비율(%)
10대	6.8
20대	72.9
30대	16.9
40대	3.4
합계	100.0

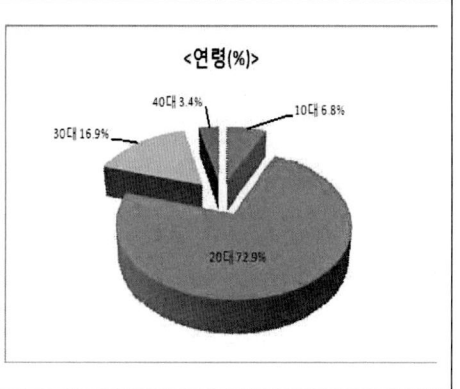

(3) 혼인상태

설문응답자의 혼인상태별 특성을 살펴보면, 전체 응답자 가운데 78.3%가 미혼, 21.7%가 기혼으로 나타났다.

<그림 II-14> 설문응답자의 혼인상태별 특성

혼인상태	비율(%)
기 혼	21.7
미 혼	78.3
합 계	100.0

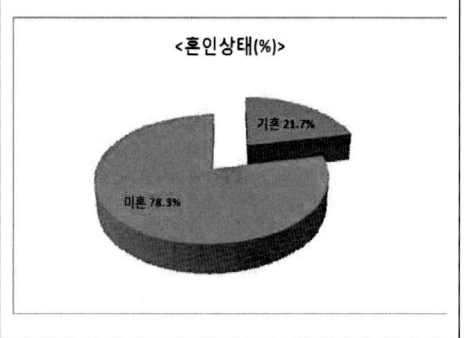

(4) 직업

설문응답자의 직업별 특성을 살펴보면, 전체 응답자 가운데 공무원이 총 37.4%로 가장 많은 분포를 보였고, 학생은 총 27.8%로 두 번째로 많은 분포를 보였다.

<그림 II-15> 설문응답자의 직업별 특성

직업	비율(%)
학생	27.8
공무원	37.4
회사원	7.0
자기사업	16.5
무직	8.7
기타	2.6
합계	100.0

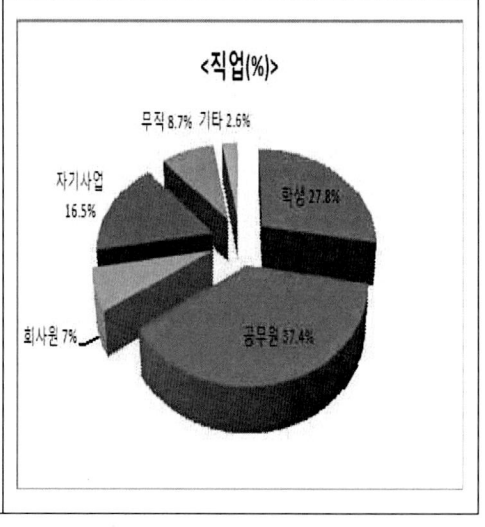

2) 한국의 자격증에 대한 인지

한국의 자격증에 대한 인지는 총 7개의 항목으로 구성되어 있다. 구체적으로 살펴보면, 세부 설문항목은 '한국의 자격증에 대한 인지여부', '한국의 자격증 취득 여부', '캄보디아 내 한국 자격증 인정정도', '캄보디아 내 한국 자격증과 유사한 자격증 존재 여부', '한국 자격증 취득 위한 시험 응시 경험', '한국 자격증 취득 위한 노력의 유형', '한국 자격증 인지 방법'이며, 이를 살펴보면 다음과 같다.

(1) 한국의 자격증에 대한 인지 여부

한국의 자격증에 대한 인지 여부는 '귀하는 한국의 자격증에 대하여 들어보신 적이 있습니까'라는 항목으로 측정되었으며, 설문결과 한국의 자격증에 대하여 들어본 적이 없다라는 응답자가 전체의 84.3%를 차지하여 설문응답자의 대부분은 한국의 자격증에 대하여 인지하지 못하고 있는 것으로 나타났다.

<그림 Ⅱ-16> 한국의 자격증에 대한 인지 여부

한국의 자격증에 대한 인지 여부	비율(%)
예	15.7
아니오	84.3
합계	100.0

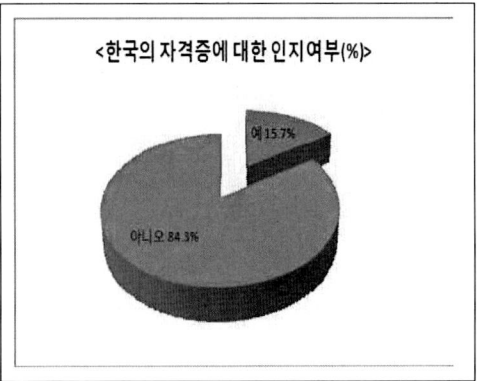

(2) 한국의 자격증 취득 여부

한국의 자격증 취득 여부는 '귀하는 한국의 자격증을 취득하셨습니까'라는 항목으로 측정되었으며, 설문결과 한국의 자격증을 취득하지 않았다라는 응답자가 전체의 97.5%를 차지했다.

<그림 Ⅱ-17> 한국의 자격증 취득 여부

한국의 자격증 취득 여부	비율(%)
예	2.5
아니오	97.5
합계	100.0

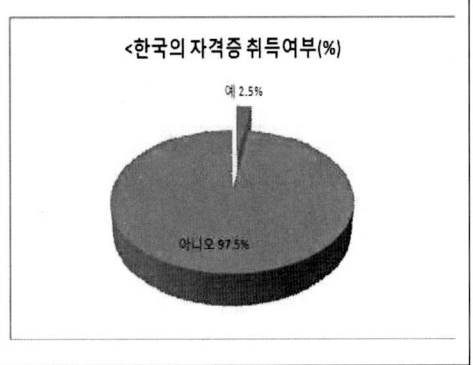

(3) 캄보디아 내 한국 자격증 인정정도

캄보디아 내 한국 자격증 인정정도는 '한국의 자격증은 캄보디아에서도 인정받는다'라는 항목으로 4점 척도로 측정되었으며, 설문결과 평균 3.03점을 기록, 약 75.2%가 한국의 자격증이 캄보디아 내에서도 인정받는다고 응답하였다.

<그림 II-18> 캄보디아 내 한국 자격증 인정정도

캄보디아 내 한국 자격증 인정정도	비율(%)
매우 그렇지 않다.	16.2
그렇지 않다.	8.5
대체로 그렇다.	30.8
매우 그렇다.	44.4
합계	100.0
평균	3.03점 (4점 척도)

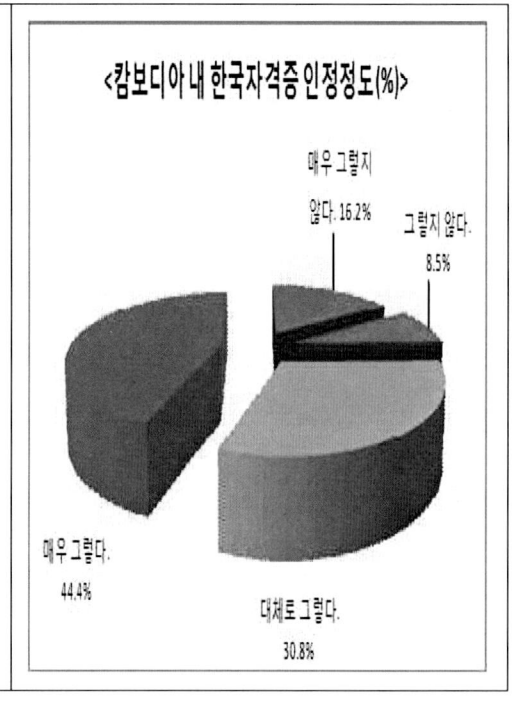

(4) 캄보디아 내 한국 자격증과 유사한 자격증 존재 여부

캄보디아 내 한국 자격증과 유사한 자격증 존재 여부는 '(한국의 자격증을 취득하셨다면)캄보디아에도 이와 유사한 자격증이 있습니까?'라는 항목으로 측정되었으며, 설문결과 약 84.7%가 캄보디아에는 한국의 자격증과 유사한 자격증이 존재하지 않는다고 응답하였다.

<그림 II-19> 캄보디아 내 한국 자격증과 유사한 자격증 존재 여부

캄보디아 내 한국 자격증과 유사한 자격증 존재 여부	비율(%)
예	15.3
아니오	84.7
합계	100.0

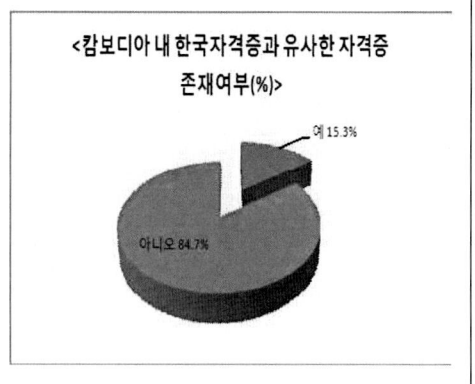

(5) 한국 자격증 취득 위한 시험 응시 경험

한국 자격증 취득 위한 시험 응시 경험은 '귀하는 한국의 자격증을 취득하기 위하여 시험에 응시한 적이 있으십니까'라는 항목으로 측정되었으며, 설문결과 약 90.6%가 한국의 자격증을 취득하기 위해 시험에 응시한 적은 없다고 응답하였다.

<그림 II-20> 한국 자격증 취득 위한 시험 응시 경험

한국 자격증 취득 위한 시험 응시 경험	비율(%)
있다.	9.4
없다.	90.6
합계	100.0

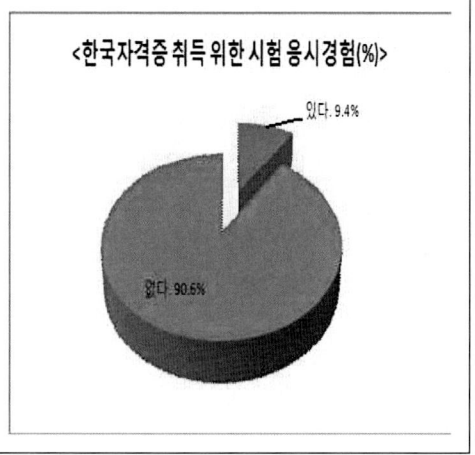

(6) 한국 자격증 취득 위한 노력의 유형

한국 자격증 취득 위한 노력의 유형은 '귀하는 한국의 자격증을 취득하기 위하여 어떠한 노력을 하였습니까?'라는 항목으로 측정되었으며, 설문결과 학원수강이 응답자의 총 83.5%로 가장 많은 분포를 보여주었다.

<그림 II-21> 한국 자격증 취득 위한 노력의 유형

한국 자격증 취득 위한 노력의 유형	비율(%)
학원수강	83.5
혼자서 공부함	4.6
인터넷을 통한 강의	1.8
기타	10.1
합계	100.0

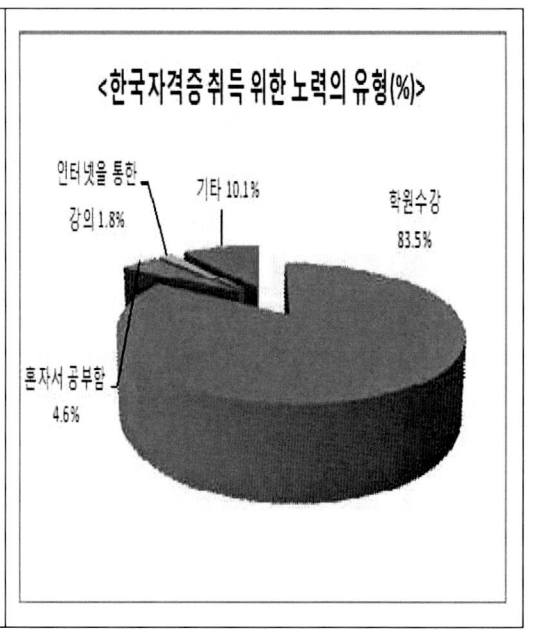

(7) 한국 자격증 인지 방법

한국 자격증 인지 방법은 '귀하가 시험을 보았던 한국의 자격증에 대해서 어떻게 알게 되었습니까?'라는 항목으로 측정되었으며, 설문결과 학교를 통하여 한국의 자격증을 알게 되었다는 응답이 전체 응답자의 총 57.3%로 가장 많은 분포를 보여주었고, 그 다음으로는 친구소개를 통하여 한국의 자격증을 알게 되었다는 응답이 12.6%로 나타났다.

<그림 Ⅱ-22> 한국 자격증 인지 방법

한국 자격증 인지 방법	비율(%)
학교	57.3
신문잡지	3.9
TV	10.7
인터넷 통신	11.7
안내책자	2.9
친구소개	12.6
기타	1.0
합계	100.0

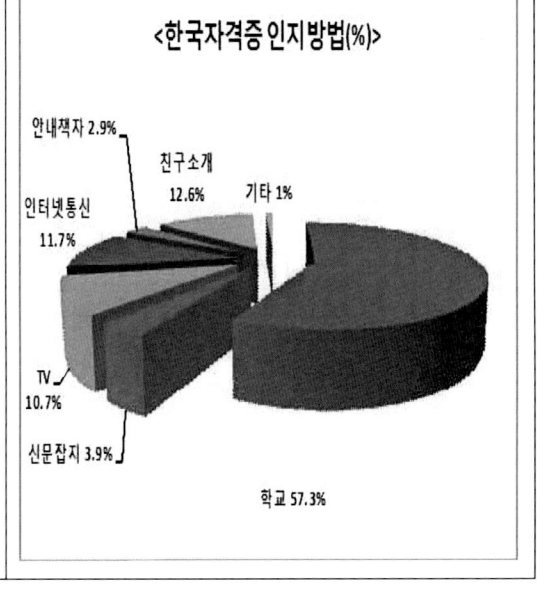

3) 자격증의 필요성에 대한 인지

자격증의 필요성에 대한 인지는 총 9개의 항목으로 구성되어 있다. 구체적으로 살펴보면, 세부 설문항목은 '캄보디아 내 자격증 존재 여부', '캄보디아 내 자격증과 학위에 대한 개념 인식', '캄보디아 내 자격증 취득 방법', '캄보디아 내 자격증의 필요성', '캄보디아에서 필요한 자격증의 분야', '향후 한국 자격증 취득 의향', '향후 한국 자격증 취득자에 대한 우대혜택 선호도', '캄보디아 내 한국기업에서의 근로의욕 정도', '한국어 능력시험(EPS-TOPIK) 응시경험'이며, 이를 살펴보면 다음과 같다.

(1) 캄보디아 내 자격증 존재 여부

캄보디아 내 자격증 존재 여부는 '캄보디아에도 자격증이 있습니까?'라는 항목으로 측정되었으며, 설문결과 약 96.7%가 캄보디아에도 자격증이 있다고 응답하였다.

<그림 II-23> 캄보디아 내 자격증 존재 여부

캄보디아 내 자격증 존재 여부	비율(%)
있다.	96.7
없다.	3.3
합계	100.0

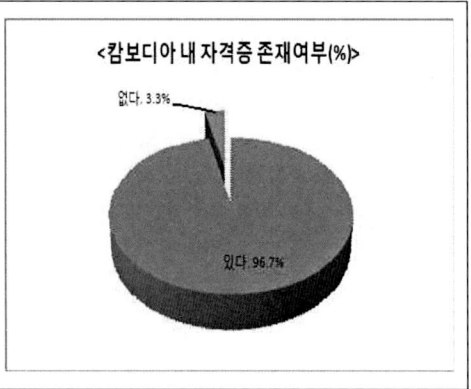

(2) 캄보디아 내 자격증과 학위에 대한 개념 인식

캄보디아 내 자격증과 학위에 대한 개념 인식은 '캄보디아에서는 자격증과 학위를 다르게 생각합니까?'라는 항목으로 측정되었으며, 설문결과 약 95.9%가 자격증과 학위는 다른 개념이라고 응답하였다.

<그림 II-24> 캄보디아 내 자격증과 학위에 대한 개념 인식

캄보디아 내 자격증과 학위에 대한 개념 인식	비율(%)
자격증과 학위는 같은 개념이다.	4.1
자격증과 학위는 다른 개념이다.	95.9
합계	100.0

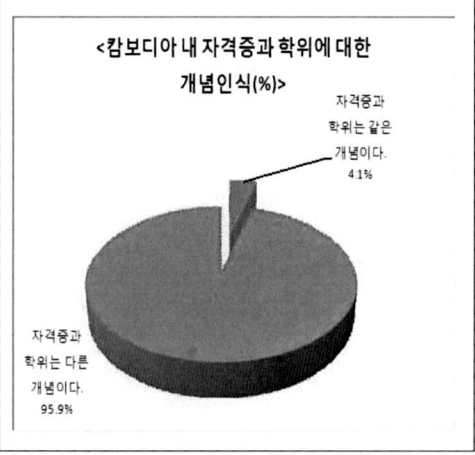

(3) 캄보디아 내 자격증 취득 방법

캄보디아 내 자격증 취득 방법은 '캄보디아에서는 자격증을 어떻게 취득합니까?'라는 항목으로 측정되었으며, 설문결과 약 68.4%가 학교를 졸업하면 자격증을 받는다고 응답하여, 캄보디아에서의 자격증은 비록 앞의 설문에서는 '자격증과 학위는 다른 개념이다'라고 응답하였으나, 실제 학위와 자격증의 개념이 혼동되어 사용되고 있음이 확인되었다.

<그림 II-25> 캄보디아 내 자격증 취득 방법

캄보디아 내 자격증 취득 방법	비율(%)
학교를 졸업하면 자격증을 받는다.	68.4
학교졸업과 별개로 자격증을 취득하려면 시험에 응시하여야 한다.	23.9
기타	7.7
합계	100.0

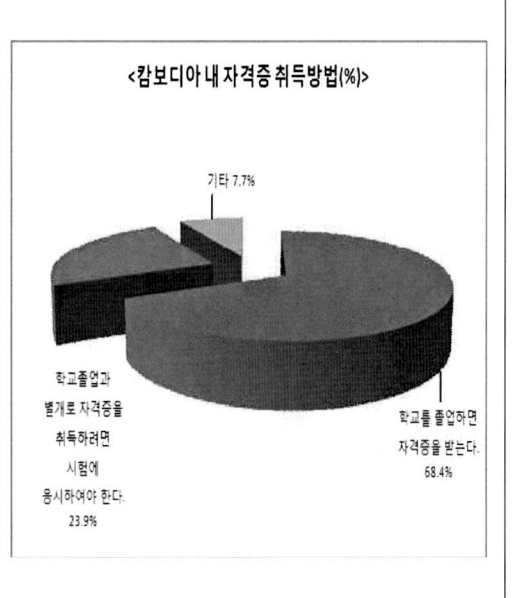

(4) 캄보디아 내 자격증의 필요성

캄보디아 내 자격증의 필요성은 총 3개의 항목으로 구분하여 측정되었다. 우선 '캄보디아에서 자격증은 필요하다고 생각하십니까?'라는 항목으로 자격증의 필요성을 측정하였는데, 설문결과 약 97.6%가 캄보디아에서 자격증은 필요하다고 응답하였다.

<그림 II-26> 캄보디아 내 자격증의 필요성

캄보디아 내 자격증의 필요성 여부	비율(%)
예, 필요하다.	97.6
아니오, 필요하지 않다.	2.4
합계	100.0

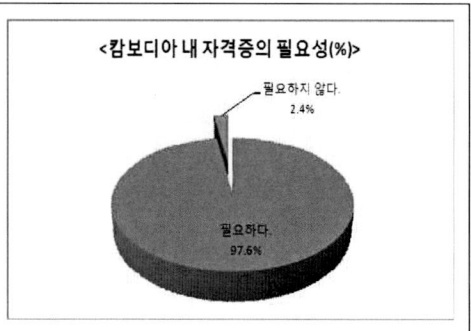

캄보디아 내 자격증의 필요 이유는 '(자격증이 필요하다고 응답한 경우) 자격증은 왜 필요하다고 생각하십니까?'라는 항목으로 측정되었으며, 설문결과 약 45.4%가 '회사에 취업하기가 쉬워서'라고 응답함으로써 가장 많은 분포를 보여주었고, 그 다음으로는 약 35.3%가 '현재의 일을 더 잘할 수 있기 때문에'라고 응답하였다.

<그림 II-27> 캄보디아 내 자격증 필요 이유

캄보디아 내 자격증 필요이유	비율(%)
회사에 취업하기가 쉬워서	45.4
현재의 일을 더 잘할 수 있기 때문에	35.3
월급(돈)을 더 받기 위해	1.7
자기계발을 위해	10.9
새로운 일을 시작하기 위해	1.7
기타	5.0
합계	100.0

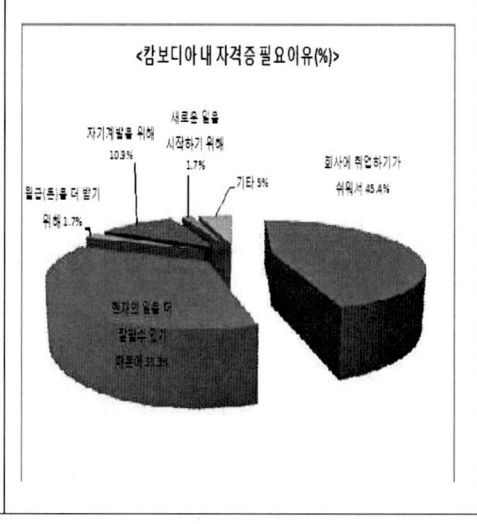

(5) 캄보디아에서 필요한 자격증의 분야

캄보디아에서 필요한 자격증의 분야는 '캄보디아에서 가장 필요한 자격증의 분야는 어느 분야라고 생각하십니까?'라는 항목으로 측정되었으며, 설문결과 약 28.6%가 'IT 분야'라고 응답함으로써 가장 많은 분포를 보여주었고, 그 다음으로는 전기/전자(21.0%), 관광(13.4%) 순으로 많은 분포를 보여주었다.

<그림 II-28> 캄보디아에서 필요한 자격증의 분야

캄보디아에서 필요한 자격증의 분야	비율(%)
섬유 및 의류	10.1
농업	10.1
관광	13.4
건설	4.2
전기/전자	21.0
자동차부품 조립	0.8
IT분야	28.6
가구	0.8
기타	10.9
합계	100.0

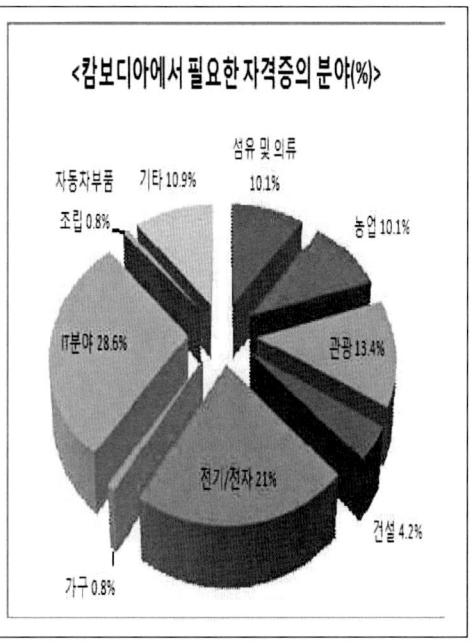

(6) 향후 한국 자격증 취득 의향

향후 한국 자격증 취득 의향은 총 3개의 항목으로 구분하여 측정되었다. 우선 '한국의 자격증과 유사한 자격증이 캄보디아에도 생긴다면, 귀하는 그 자격증을 취득하겠습니까?'라는 항목으로 향후 한국 자격증에 대한 취득 의향을 측정하였는데, 설문결과 약 94.3%가 향후 한국의 자격증을 취득하겠다고 응답하였다.

<그림 II-29> 향후 한국 자격증 취득 의향

향후 한국 자격증 취득 의향	비율(%)
예, 자격증을 취득하겠습니다.	94.3
아니오, 자격증을 취득하지 않겠습니다.	5.7
합계	100.0

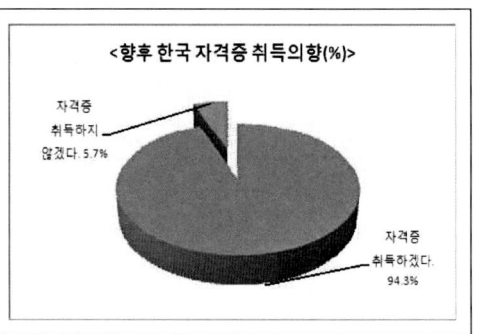

캄보디아 내 한국 자격증 신설 희망분야는 '한국의 자격증과 유사한 자격증이 캄보디아에도 생긴다면, 어느 분야에 자격증이 생기면 좋겠습니까?'라는 항목으로 측정되었으며, 설문결과 약 24.4%가 '농업분야'라고 응답함으로써 가장 많은 분포를 보여주었고, 그 다음으로는 전기/전자(20.2%), IT분야(14.3%) 순으로 많은 분포를 보여주었다.

<그림 II-30> 캄보디아 내 한국 자격증 신설 희망분야

캄보디아 내 한국 자격증 신설 희망분야	비율(%)
섬유 및 의류	3.4
가죽	0.8
농업	24.4
관광	13.4
건설	9.2
전기/전자	20.2
자동차부품 조립	3.4
IT분야	14.3
가구	1.7
기계조립 및 생산	0.8
기타	8.4
합계	100.0

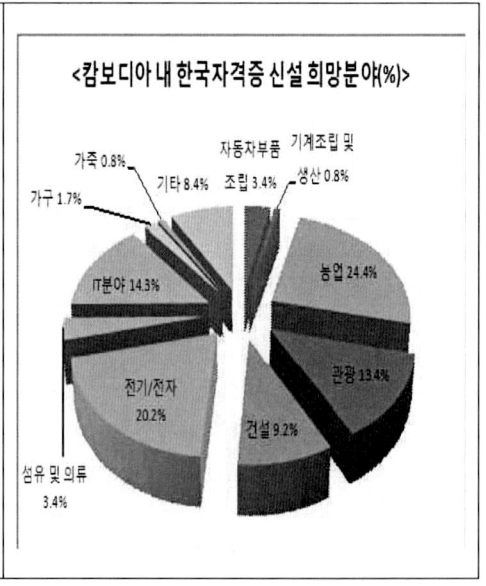

캄보디아 내 신설 한국 자격증의 수준은 '한국의 자격증과 유사한 자격증이 캄보디아에도 생긴다면, 자격증의 수준은 어느 정도이면 좋겠습니까?'라는 항목으로 측정되었으며, 설문 결과 약 74.1%가 '한국의 자격증과 동일한 수준'이면 좋겠다라고 응답함으로써 가장 많은 분포를 보여주었다.

<그림 II-31> 캄보디아 내 신설 한국 자격증의 수준

캄보디아 내 신설 한국자격증의 수준	비율(%)
한국의 자격증과 동일한 수준	74.1
한국의 자격증보다 높은 수준	12.1
한국의 자격증보다 낮은 수준	13.8
합계	100.0

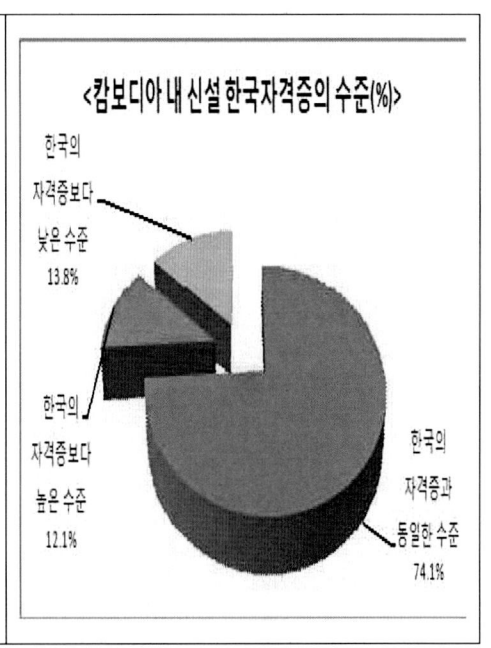

(7) 향후 한국 자격증 취득자에 대한 우대혜택 선호도

향후 한국 자격증 취득자에 대한 우대혜택 선호도는 '한국의 자격증과 유사한 자격증이 생긴다면, 자격증을 취득한 사람들에게 어떤 혜택을 주면 좋겠습니까?'라는 항목으로 측정되었으며, 설문결과 약 68.9%가 '캄보디아에 있는 한국기업에서 일할 수 있는 기회를 줌'이라고 답함으로써 가장 많은 분포를 보여주었고, 그 다음으로는 '한국에서 일할 수 있는 기회를 줌(21.8%)'이 두 번째로 많은 분포를 보여주었다.

<그림 II-32> 향후 한국 자격증 취득자에 대한 우대혜택 선호도

향후 한국 자격증 취득자에 대한 우대혜택 선호도	비율(%)
캄보디아에 있는 한국기업에서 일할 수 있는 기회를 줌	68.9
EPS-TOPIK 시험에 대하여 혜택을 줌	4.2
한국에서 일할 수 있는 기회를 줌	21.8
한국 입국 시 체류기간을 연장함	0.8
기타	4.2
합계	100.0

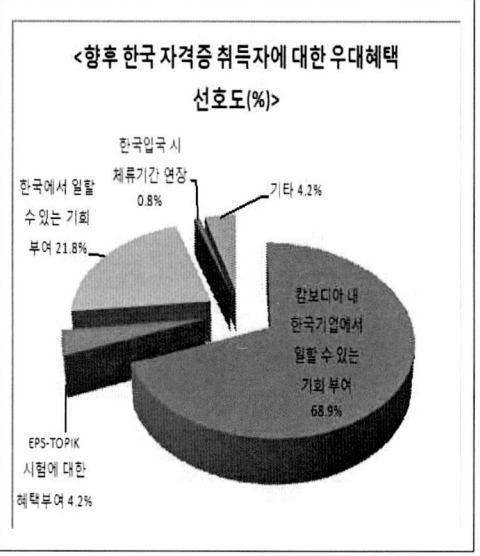

(8) 캄보디아 내 한국기업에서의 근로의욕 정도

캄보디아 내 한국기업에서의 근로의욕 정도는 '나는 캄보디아에 있는 한국기업에서 일하고 싶다'라는 항목으로 4점 척도로 측정되었으며, 설문결과 평균 3.38점을 기록, 약 89.9%가 캄보디아 내 한국기업에서 일하고 싶다고 응답하였다.

<그림 II-33> 캄보디아 내 한국기업에서의 근로의욕 정도

캄보디아 내 한국기업에서의 근로의욕 정도	비율(%)
매우 그렇지 않다.	6.7
그렇지 않다.	3.4
대체로 그렇다.	35.3
매우 그렇다.	54.6
합계	100.0
평균	3.38점 (4점 척도)

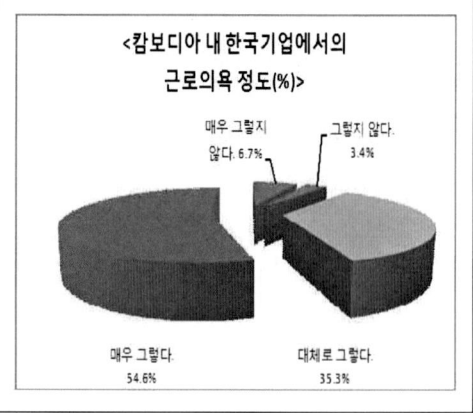

(9) 한국어 능력시험(EPS-TOPIK) 응시경험

한국어 능력시험(EPS-TOPIK) 응시경험은 '귀하는 한국어 능력시험(EPS-TOPIK)에 응시한 적이 있으십니까?'라는 항목으로 측정되었으며, 설문결과 약 59.7%가 한국어 능력시험에 응시한 적이 없는 것으로 나타났다.

<그림 II-34> 한국어 능력시험(EPS-TOPIK) 응시경험

한국어 능력시험 (EPS-TOPIK) 응시경험	비율(%)
있다.	40.3
없다.	59.7
합계	100.0

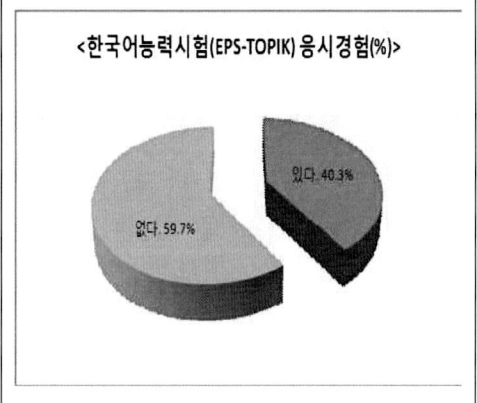

III. 국가기술자격의 국제화를 위한 타당성 분석

본 장에서는 '국가기술자격의 국제화'를 위한 타당성을 분석하였다. 이에 우선 우리나라 국가기술자격의 현황을 분석하였고 이를 바탕으로 국가기술자격의 국제화를 위해서는 어떠한 요건들이 필요한지, 그리고 과연 우리나라의 국가기술자격은 국제화될 수 있는 요건들을 가지고 있는지, 즉 국가기술자격의 국제화를 위한 타당성은 존재하는지를 분석하고자 하였다. 이에 국가기술자격의 국제화를 위한 타당성을 분석하여 제시하면 다음과 같다.

1. 우리나라 국가기술자격의 현황30)

우리나라 국가기술자격의 현황에서는 크게 두 가지로 구분하여 제시하였다. 즉 국가기술자격의 인프라 측면과 국가기술자격의 시행 및 관리 측면이 그것이다. 이에 각각을 제시하면 다음과 같다.

1) 국가기술자격의 인프라

국가기술자격제도의 체계는 크게 네 가지로 설명될 수 있다. 즉 우선 자격제도의 틀(Hardware) 측면으로서, 이는 국가기술자격의 구조(qualification framework)를 의미하는데, 이에는 국가기술자격의 등급체계(level), 분류체계(type), 국가·산업·기업 가운데 어느 영역에서 자격을 관할할 것인지에 관한 관할영역 설정, 학위 등 다른 자격과의 관계(응시자격, 과목면제 등)등이 포함된다.

두 번째는 자격제도의 운영(software) 측면으로서, 이는 실제 자격을 운영하는 것과 관련된 것을 의미하는데, 이에는 자격검정(출제·시행·채점), 검정·취득자관리(증서발급 등) 등이 포함된다.

세 번째는 자격의 활용 측면으로서, 이는 취득한 자격이 노동시장에서 어떻게 활용되는지와

---
30) 우리나라 국가기술자격의 현황은 고용노동부 자료 및 한국산업인력공단 내부자료를 토대로 수정·보완·정리되었다.

관련되는데, 이에는 자격취득자에 대한 우대조치(의무고용 등), 국가 간 상호인정, 불법대여 단속 및 행정처분 등이 포함된다.

마지막으로 네 번째는 자격제도의 인프라 측면으로서, 이는 제도 틀, 운영 및 활용의 토대가 되는 요소를 의미하는데, 이에는 국가직무능력표준(National Competency Standards : NCS), 성과(효용성) 평가, 통계, 정보체계(Q-net) 등이 포함된다.

이에 국가기술자격제도의 체계를 그림으로 나타내면 다음과 같다.

<그림 III-1> 국가기술자격제도의 체계

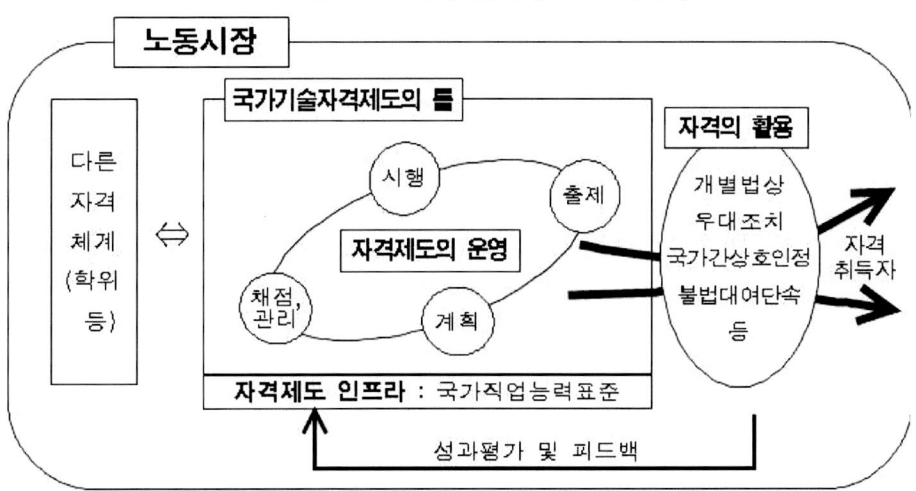

(자료 : 고용노동부, 2012, 직업능력평가과 바인더 자료, p.3.)

(1) 국가기술자격제도의 연혁

국가기술자격제도의 연혁 부분은 세 가지로 구분하여 제시되었다. 즉 국가기술자격법 제정 전 자격제도 도입과정, 국가기술자격법령 제정, 국가기술자격법 변천과정으로 이를 제시하면 다음과 같다.

가. 국가기술자격법 제정전 자격제도 도입 과정

우리나라에서는 '50년대 중반까지 법적으로 국가자격은 존재하지 않았으며, 단지 민간 동호인회에서 주산·부기 등의 자격제도가 도입 및 시행되었다.

이후 '60년~'73년에는 내무부 등 13개 부처가 786개의 국가기술자격종목을 28개 개별 법령에 따라 관리하였는데, 국가기술자격이 개별부처에서 특정한 목적에 따라 분산·관리 되었기 때문에 자격기준의 불일치, 유사·중복자격의 난립 등 여러 가지 문제가 발생 하였다. 또한 '63년에는 기술사 자격검정을 규정한 기술사법31)이 제정되었다.

나. 국가기술자격법령 제정

국가기술자격제도의 일관성 있는 관리·운영 및 이를 통한 자격의 공신력 제고, 기술 인력 활용의 극대화를 위하여, '73년 12월 과기처 소관의 '국가기술자격법'이 제정되었으며, 국가기술자격은 기술계(기술사, 기사 1·2급)와 기능계(기능장, 기능사1·2급, 기능사보)로 구분되었다. 그리고 이에 따라 기술사법은 '76년에 폐지되었다.

다. 국가기술자격법 변천과정

'76년 한국기술검정공단이 설립되었으며, 이후 '81년까지 한국기술검정공단에서 검정을 실시하였다32). 그리고 '82년에는 국가기술자격과 직업훈련을 담당하기 위한 한국직업훈련 관리공단이 설립되었고, 자격업무는 노동부로 이관되었으며, '84년에는 사무관리 분야의 자격검정이 대한상공회의소로 이관되었다. 또한 '92년에는 기술사의 효율적인 활용을 위하여 기술사법이 부활되었으며, '97년에는 자격관리 체계화 및 민간자격의 활성화를 위하여 자격기본법이 제정되었다.

이후 '99년 국가기술자격법령 개정으로 국가기술자격은 8등급 체제에서 5등급 체제로 등급체제가 개편되었으며33), 또한 자격검정의 현장성 확보와 자격취득자 활용성 제고를 위하여 국가기술자격법령은 몇 번의 개정과정을 거쳐 현재에 이르렀다.

---

31) 기술사 검정은 '64~'66년까지 경제기획원에서 주관하다가 '67년 과기처 신설과 함께 동업무가 과기처로 이관되었으며, '76년 한국기술검정공단이 설립되어 이후부터는 한국기술검정공단에서 기술사 검정이 시행되었다.
32) 공단설립이전에는 기술자격검정을 중앙부처, 지방자치단체, 한국정밀기기센터, 대한광업진흥공사 등에서 담당하였다.
33) 기능사보, 기능사2급, 기능사1급, 기사 2급, 다기능기술자, 기사1급, 기능장, 기술사 → 기능사, 산업 기사, 기사, 기능장, 기술사.

(2) 자격의 종류

자격은 크게 직업자격과 학위자격으로 구분될 수 있다. 여기서 직업자격은 직업능력 인증·평가를 주목적으로 하는 자격으로 학습내용은 주로 실무, 응용, 특수성, 심화, 구체성을 위주로 구성된다. 그리고 학위자격은 교육기관의 학습내용 인증·평가를 주목적으로 하는 자격으로 학습내용은 주로 재화·서비스의 생산과 관계가 없거나 간접적으로 관계된 내용(인문교양, 문화예술, 시민윤리 등), 이론, 원리, 일반성, 기초, 추상성 위주로 구성된다.

직업자격의 유형은 관할주체별, 그리고 활용형태별, 산업분야별, 활용범위별, 법령체계별로 구분될 수 있는데, 우선 관할주체별로 살펴보면, 직업자격은 국가가 자격의 틀 설계, (검정)운영, 활용을 주관하는 자격인 국가자격과 민간기관(영리법인, 비영리단체 등)이 자격의 틀 설계, (검정)운영을 주관하는 자격인 민간자격으로 구분될 수 있다. 그리고 국가자격은 또한 검정운영 주체에 따라 국가직접 검정형(변호사 등)과 공공기관 위탁형(기술자격, 세무사·변리사 등)으로 구분될 수 있고, 민간자격은 국가의 인증여부에 따라 순수민간자격과 국가공인 민간 자격으로 구분될 수 있다.

이에 관할주체별 직업자격의 유형을 정리하여 제시하면 다음과 같다.

<표 III-1> 관할주체별 세부내역('12년 2월말 현재)

구 분		종목수	관련법	관계부처	자격종류(예)
국가 자격	기술자격	512개	국가기술자격법 (고용노동부)	고용노동부 (18개부처청)	기술사·기능장·기사·산업기사·기능사, 워드프로세서 등
	전문자격	488개 (139개 직종)	개별법령	24개부·처·청·위원회	변호사(변호사법), 의사(의료법), 공인노무사, 경주심판, 운전면허 등
민간 자격	공인민간자격	88개 직종	자격기본법 (고용부,교과부)	12개부처청 (직능원위탁시행)	신용관리사, 실용한자, 인터넷정보관리사, 정보보호전문가 등
	순수민간자격	2,522개 직종	자격기본법 (교과부)	교육과학기술부	결혼상담사, 증권분석사 등
	사업내자격	116개	고용보험법 (고용부)	고용노동부	디지털 Master, 고객상담사 등

(자료 : 한국산업인력공단, 2012, "내부자료".)

직업자격을 활용형태별로 살펴보면, 직업자격은 해당자격이 없으면 업무에 종사할 수 없는 자격인 업무독점형 자격과 직업능력의 수준과 유형만을 보여주므로 해당자격이 없더라도 업무에 종사할 수 있는 자격인 능력인정형 자격으로 구분될 수 있다. 또한 업무독점형 자격은 면허형 자격, 즉 개인의 사업 허가·등록 등의 요건이 되는 자격과 의무고용형 자격, 즉 기업에서 고용이 의무화되어 있는 자격으로 구분될 수 있다.

직업자격을 산업분야별로 살펴보면, 직업자격은 기술자격과 전문자격으로 구분될 수 있는데, 기술자격은 기술·기능·전문사무·기초사무 분야 자격[34]을, 전문자격은 인문사회 분야 또는 전문서비스 분야 자격[35]을 의미한다.

직업자격을 활용범위별로 살펴보면, 직업자격은 전 산업공통, 산업단위 및 기업단위(사업내) 자격으로 구분될 수 있다.

그리고 마지막으로 직업자격을 법령체계별로 살펴보면, 직업자격은 법령에 따라 자격기본법, 국가기술자격법, 기타 개별법[36]에 의한 자격으로 구분될 수 있다.

(3) 국가기술자격제도 운영주체별 담당 기능

국가기술자격제도 운영주체별 담당 기능을 살펴보면, 이는 제도 설계 및 운영 총괄 파트와, 소관종목 운영 및 활용 파트, 그리고 마지막으로 제도운영(검정) 파트로 구분될 수 있다.

제도 설계 및 운영 총괄 파트는 '국가기술자격법' 및 '국가기술자격 정책심의위원회(위원장 고용노동부장관)'를 통해 고용부가 담당하는데, 주요 기능은 제도설계·운영·활용·인프라 구축으로 정리될 수 있다. 여기서 제도설계는 등급체계·분류체계 조정, 종목신설·통합·폐지, 관할영역설정, 응시자격 조정, 과목면제 결정 등을 의미하고, 운영은 검정의 기본방향 제시, 검정제도 개선, 수탁기관 평가·선정·위탁취소 권고 등을 의미하며,

---

[34] 이에는 건축구조기술사, 건축시공기술사, 워드프로세서, 직업상담사 등, 그리고 건축사, 감정평가사, 핵원료물질취급감독자, 무선통신사, 산업안전지도사, 택시운전, 자동차운전, 안마사 등이 포함된다.
[35] 이에는 변호사, 의사, 공인노무사, 교사, 의사, 공인중개사, 경영지도사, 호텔관리사, 보육교사 등이 포함된다.
[36] 자격기본법은 자격에 관한 기본적인 사항을 정하여 자격제도의 관리·운영을 체계화하기 위한 기본법(교과부, 고용노동부 공동입법)이며, 국가기술자격법은 국가기술자격제도의 운영에 관한 기본법으로 산업현장의 수요에 적합한 자격제도를 확립하여 기술인력의 직업능력을 개발하고 국가의 경제발전을 도모할 목적으로 제정되었다. 그리고 기타 개별법은 개별 자격의 목적, 취득 방법 등을 규정해 놓은 법이다.

활용은 국가 간 상호인정 조치, 불법대여 단속 총괄 등의 기능을 의미한다. 그리고 마지막으로 인프라 구축은 직업능력표준 개발 총괄, 자격의 성과(효용성) 평가 및 피드백 등의 기능을 의미한다.

소관종목 운영 및 활용 파트는 국토해양부 등 18개 주무부처에서 담당하는데, 주된 기능으로는 소관종목의 신설·통합·폐지와 관련된 의견 제시, 소관종목 검정위탁 요청, 수탁기관에 대한 시정명령, 위탁취소, 소관종목 출제기준조정 의견 제시, 소관종목의 직업능력표준 개발, 영업면허·의무고용·특별전형·임용시험 가산점 부여, 소관종목 불법대여 단속 및 행정처분(취소, 자격정지 등) 등이 있다.

마지막으로 제도운영(검정) 파트는 한국산업인력공단 등 7개 검정수탁기관[37]에서 담당하는데, 주된 기능으로는 문제출제, 시행, 채점, 자격증 교부 등이 있다.

이에 국가기술자격제도 운영주체별 담당 기능을 그림으로 제시하면 다음과 같다.

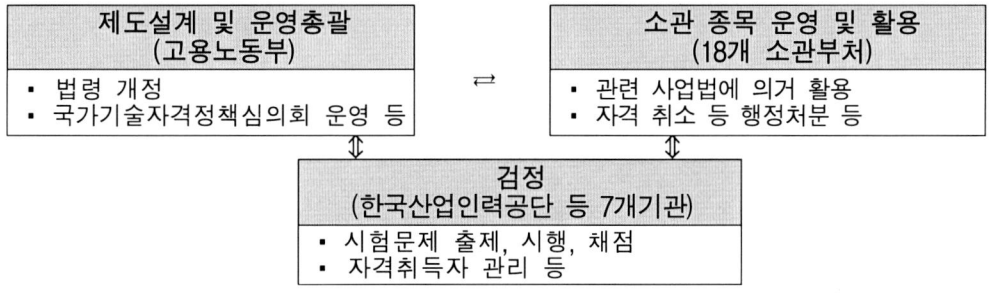

<그림 III-2> 국가기술자격제도 운영주체별 담당 기능

(4) 국가기술자격의 등급 및 종목 현황

국가기술자격의 등급체계를 살펴보면, 기술·기능분야는 5등급, 서비스분야는 3등급 또는 1등급 체계를 가지고 있다. 이에 국가기술자격의 등급체계를 그림으로 제시하면 다음과 같다.

---

37) 7개 검정수탁기관은 한국산업인력공단, 대한상공회의소, 한국원자력안전기술원, 영화진흥위원회, 한국콘텐츠진흥원, 한국방송통신전파진흥원, 한국광해관리공단이다.

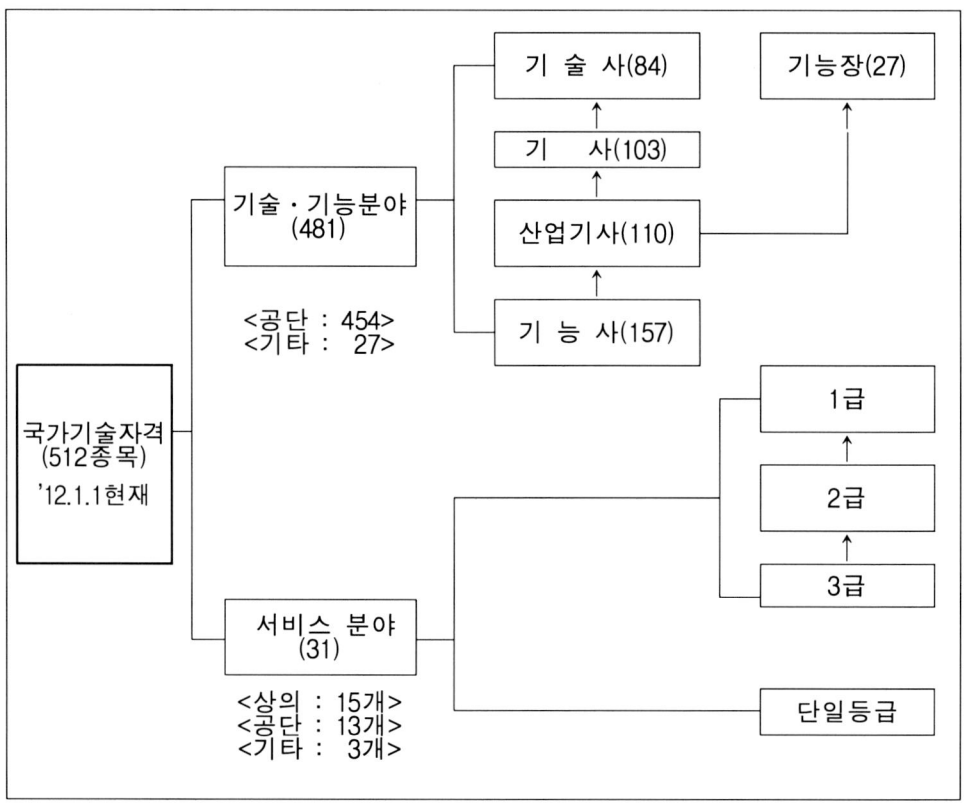

<그림 III-3> 국가기술자격의 등급체계

국가기술자격의 종목 현황을 살펴보면, 국가기술자격은 총 512종목으로 기술사 84종목, 기능장 27종목, 기사 103종목, 산업기사 110종목, 기능사 157종목, 서비스분야 31종목으로 구성되어 있다.

그리고 총 26개 직무분야 총 512종목에 대한 시행은 한국산업인력공단 등 7개 검정수탁기관에서 담당하고 있다.

이에 국가기술자격의 세부적인 종목 현황을 제시하면 다음과 같다.

<표 III-2> 국가기술자격의 종목 현황('12년 6월 현재)

직무분야별 \ 등급별	총계	기술사	기능장	기사	산업기사	기능사	서비스 1급	서비스 2급	서비스 3급	단일
총 계	512	84	27	103	110	157	10	10	3	8
1. 사업관리	-	-	-	-	-	-	-	-	-	-
2. 경영·회계·사무	25	3	-	2	2	-	7	7	3	1
3. 금융·보험	-	-	-	-	-	-	-	-	-	-
4. 교육·자연과학·사회과학	-	-	-	-	-	-	-	-	-	-
5. 법률·경찰·소방·교도·국방	-	-	-	-	-	-	-	-	-	-
6. 보건·의료	2	-	-	-	-	-	1	1	-	-
7. 사회복지·종교	2	-	-	-	-	-	1	1	-	-
8. 문화·예술·디자인·방송	12	1	-	3	4	4	-	-	-	-
9. 운전·운송	2	-	-	-	1	1	-	-	-	-
10. 영업·판매	4	-	-	-	-	-	1	1	-	2
11. 경비·청소	1	-	-	-	-	1	-	-	-	-
12. 이용·숙박·여행·오락·스포츠	6	-	2	-	-	3	-	-	-	1
13. 음식서비스	12	-	1	-	5	6	-	-	-	-
14. 건 설	98	21	3	17	17	40	-	-	-	-
15. 광업자원	11	3	-	3	2	3	-	-	-	-
16. 기 계	82	10	6	16	21	29	-	-	-	-
17. 재 료	38	6	8	2	6	16	-	-	-	-
18. 화 학	10	1	1	4	2	2	-	-	-	-
19. 섬유·의복	15	2	-	2	5	6	-	-	-	-
20. 전기·전자	34	7	2	9	9	7	-	-	-	-
21. 정보통신	28	3	1	6	7	7	-	-	-	4
22. 식품가공	9	2	1	2	1	3	-	-	-	-
23. 인쇄·목재·가구·공예	17	-	1	1	3	12	-	-	-	-
24. 농림어업	37	7	-	11	8	11	-	-	-	-
25. 안전관리	38	9	1	13	10	5	-	-	-	-
26. 환경·에너지	29	9	-	12	7	1	-	-	-	-

※ '26.환경·에너지' 3종목(원자력안전기술원), '8.문화·예술·디자인·방송' 2종목(영화진흥위원회), '2.경영·회계·사무(12)·10.영업·판매(3)' 15종목(상공회의소), '21.정보통신' 3종목(한국콘텐츠진흥원), '21.정보통신' 16종목(한국전파진흥원), '15.광업자원' 6종목(한국광해관리공단), 나머지 467종목은 한국산업인력공단에서 시행.

(자료 : 한국산업인력공단, 2012, "내부자료".)

(5) 국가기술자격의 응시요건

국가기술자격의 응시요건을 제시하면 다음과 같다.

<표 III-3> 국가기술자격의 응시요건('12년 6월 현재)

등급	응시요건			순수 경력자	비고
	기술자격 소지자	관련학과 졸업자	비관련학과 졸업자		
기술사	○동일분야 기술사 ○기사+4년 ○산업기사+5년 ○기능사+7년 ○동일종목의 외국 자격취득자	○대졸+6년 ○3년제 전문대졸+7년 ○2년제 전문대졸+8년 ○기사(산업기사) 수준의 훈련과정 이수자+6년(8년)		○9년	※비관련학과 -4년제졸+9년 -3년제졸+9.5년 -2년제졸+10년 →2010.12.1.부터 폐지
기능장	○동일분야 기능장 ○산업기사+5년 ○기능사+7년 ○동일종목의 외국 자격취득자	○해당직무분야 산업기사 또는 기능사자격 취득 후 기능대학 기능장과정 이수자(예정자)	○좌 동	○9년	
기사	○동일직무분야 기사 ○산업기사+1년 ○기능사+3년 ○동일종목의 외국 자격취득자	○대졸(졸업예정자) ○3년제전문대졸+1년 ○2년제전문대졸+2년 ○기사수준 훈련과정 이수자 ○산업기사수준 훈련과정 이수 +2년	○대졸+2년 ○3년제전문대졸+2.5년 ○2년제전문대졸+3년 ○기사수준 훈련과정 이수자 ○산업기사수준 훈련과정 이수 +2년	○4년	※비관련학과 관련 응시자격 →2013.1.1.부터 폐지
산업기사	○동일직무분야 산업기사 ○기능사+1년 ○동일종목의 외국 자격취득자 ○기능경기대회 입상	○전문대졸(졸업예정자) ○산업기사수준의 훈련과정 이수자	○대졸(졸업예정자) ○3년제전문대졸+0.5년 ○2년제전문대졸+1년 ○산업기사수준의 훈련과정 이수자	○2년	※비관련학과 관련 응시자격 →2013.1.1.부터 폐지
기능사	○제한 없음				
기초사무	○제한 없음				
전문사무	○대학졸업자, 해당 종목의 2급 자격취득 후 해당 실무경력을 가진 자 등 종목에 따라 다름				

(자료 : 한국산업인력공단, 2012, "내부자료".)

2) 국가기술자격의 시행 및 관리

국가기술자격의 시행 및 관리 부분에서는 국가기술자격의 검정개요, 검정수탁(시행)기관의 현황, 출제 및 시행으로 구분하여 제시하였다. 이에 각각의 내용을 살펴보면 다음과 같다.

(1) 국가기술자격 검정개요

국가기술자격의 검정절차를 살펴보면 다음 그림과 같다.

<그림 III-4> 국가기술자격의 검정절차

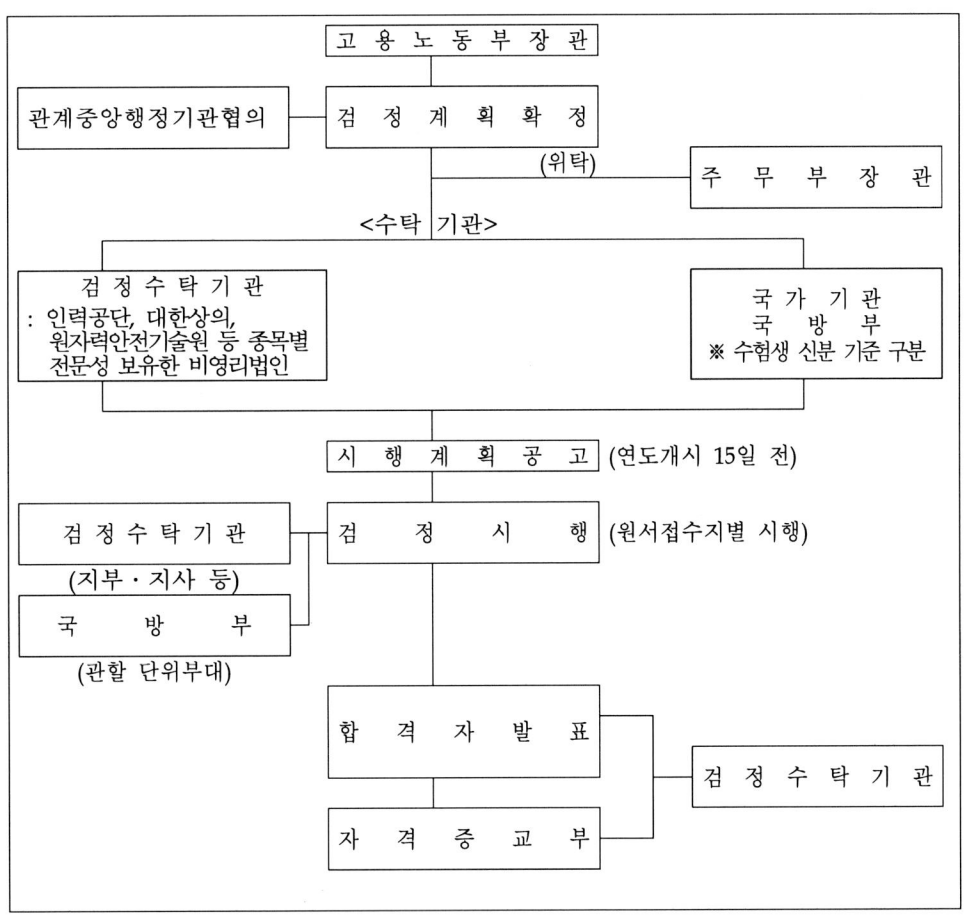

국가기술자격의 검정 종류 및 방법을 살펴보면 다음과 같다.

우선 국가기술자격의 검정 종류는 정기검정, 상시검정, 수시검정으로 구분되는데, 이 가운데 상시검정은 정보처리, 정보기기운용, 미용사, 제과, 제빵 등 총 12개 종목38)을 대상으로 시행된다.

국가기술자격의 검정방법은 기술·기능분야와 서비스분야가 모두 1차 필기시험, 2차 실기시험을 주된 검정방법으로 하되, 기술·기능분야의 기술사 등급만 2차 시험을 면접시험으로, 그리고 서비스분야의 속기시험만 1차 필기시험을 치르지 않고 실기시험만 치르는 형태를 취하고 있다.

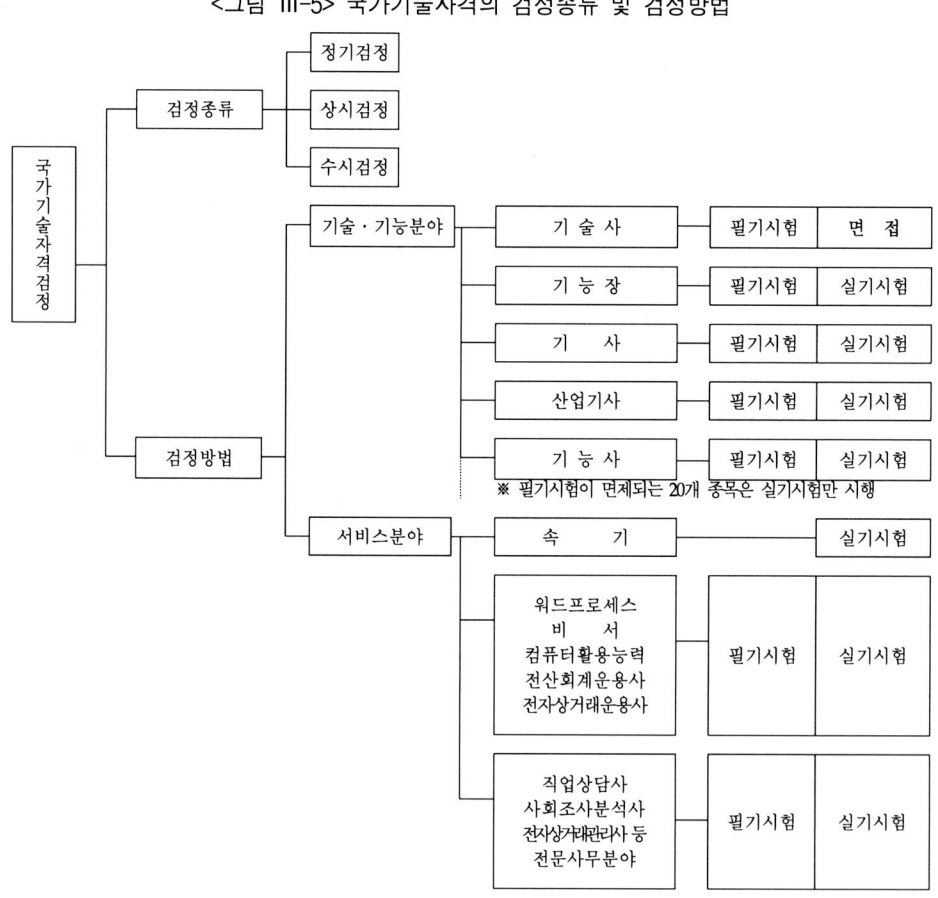

<그림 III-5> 국가기술자격의 검정종류 및 검정방법

---

38) 상시검정종목은 정보처리, 정보기기운용, 지게차운전, 굴삭기운전, 미용사(일반·피부), 한식조리, 양식조리, 중식조리, 일식조리, 제과, 제빵 등 총 12개 종목이다.

국가기술자격의 합격결정기준을 살펴보면 필기시험, 실기(면접)시험 각각 60점 이상이면 합격자로 결정되며 기사, 산업기사(전문사무 포함)는 한 과목이라도 40점 미만이 되어 과락이 되면 전 과목 평균이 60점 이상 되어도 불합격 처리된다.

이에 국가기술자격의 등급별 검정방법 및 합격결정기준을 살펴보면 다음과 같다.

<표 III-4> 국가기술자격의 등급별 검정방법 및 합격결정기준

등 급	필 기 시 험	실기(면접)시험
기 술 사	○ 단답형 또는 주관식 논문형 ○ 1200점 만점에 720점이상 합격 - 시험시간 : 400분	○ 구술형 면접시험 ○ 100점 만점에 60점이상 합격
기 능 장	○ 객관식 4지 택일형 ○ 100점 만점에 60점이상 - 시험시간 : 60분	○ 주관식 필기시험(필답형) 또는 작업형, 복합형 ○ 100점 만점에 60점이상
기 사 산업기사	○ 객관식 4지 택일형 ○ 100점 만점에 과목당 40점이상 전과목 평균 60점 이상 - 시험시간 : 과목당 30분	○ 주관식 필기시험(필답형) 또는 작업형, 복합형 ○ 100점 만점에 60점이상
기 능 사	○ 객관식 4지 택일형 ○ 100점 만점에 60점 이상 - 시험시간 : 60분	○ 주관식 필기시험(필답형) 또는 작업형, 복합형 ○ 100점 만점에 60점이상
전문사무	○ 객관식 4지 택일형 ○ 100점 만점에 과목당 40점이상 전 과목 평균 60점이상 - 시험시간 : 종목당 150분	○ 주관식 필기시험(필답형) 또는 작업형, 복합형 ○ 100점 만점에 60점이상

한편 국가기술자격법 시행규칙에서는 국가기술자격 종목 가운데 실기시험만 시행할 수 있는 종목을 규정하여 제시하고 있다. 이에 국가기술자격종목 중 실기시험만 시행할 수 있는 종목을 제시하면 다음과 같다.

<표 III-5> 국가기술자격 종목 중 실기시험만 시행할 수 있는 종목(시행규칙 별표10)

직무분야	종목수	종 목
계	20	
토목	4	석공기능사, 지도제작기능사, 도화기능사, 항공사진기능사
건축	12	조적기능사, 미장기능사, 타일기능사, 온수온돌기능사, 유리시공기능사, 비계기능사, 건축목공기능사, 거푸집기능사, 건축도장기능사, 도배기능사, 철근기능사, 방수기능사
판금·제관·새시	1	금속재창호기능사
서비스	3	한글속기 1급 내지 3급

(2) 검정수탁(시행)기관 현황

국가기술자격의 검정수탁(시행)기관은 한국산업인력공단과 대한상공회의소 2개 기관뿐이었으나, 국가기술자격 검정의 현장성 및 질적 수준 제고를 위해 '07년부터 검정업무의 민간위탁 확대가 추진되어, '11년 말 검정업무 수탁기관은 기존 2개에서 7개로 확대되었다.

검정수탁(시행)기관의 선정은 법령에 정해진 절차에 따라 이루어지는데[39] 처리절차를 살펴보면 다음과 같다.

첫째, 주무부처가 검정업무를 위탁코자 하는 경우에 「국가기술자격종목검정위탁요청서」를 고용노동부장관에게 제출토록 안내하며 또한 고용노동부는 본 요청서를 접수한다.

둘째, 고용노동부장관은 위의 사실을 관보 및 인터넷에 공고한다.

셋째, 위탁받고자 하는 단체는 「검정수탁신청서」를 고용노동부장관에 제출한다.

넷째, 고용노동부장관은 위 「검정수탁신청서」에 대해 검정능력을 조사한다.

다섯째, 고용노동부장관은 위의 조사결과를 정책심의회에 상정한다.

여섯째, 고용노동부장관은 심의결과에 따라 수탁기관을 지정하여 공고한다.

---

[39] 국가기술자격법 시행규칙 제41조.

이에 '12년 1월 기준으로 국가기술자격 검정수탁기관의 현황을 제시하면 다음과 같다.

<표 III-6> 국가기술자격 검정수탁기관 현황('12년 1월 기준)

연번	검정 수탁기관	수탁 자격 종목	비 고
1	한국산업인력공단	기술·기능분야 454종목 + 서비스 분야 13종목 = 467종목	'08년이전부터 시행
2	대한상공회의소	워드프로세스, 컴퓨터활용능력, 비서 등 서비스 분야 15종목	'08년이전부터 시행
3	한국원자력안전기술원	원자력발전기술사, 원자력기사, 방사선관리기술사 등 3종목	'08년부터 시행
4	영화진흥위원회	영사산업기사·기능사 등 2종목	'09년부터 시행
5	한국콘텐츠진흥원	게임기획전문가, 게임그래픽전문가, 게임프로그래밍전문가 등 3종목	'10년부터 시행
6	한국방송통신전파진흥원	전파전자통신/무선설비/방송통신 기사·산업기사·기능사 등 16종목	'10년부터 시행
7	한국광해관리공단	광해방지기술사, 광해방지기사 등 6종목	'10년부터 시행

(3) 출제 및 시행

국가기술자격의 검정시행 절차는 크게 검정시행계획수립, 시행공고 및 원서접수, 문제출제 및 시행, 채점, 합격자 발표 및 자격증 교부로 구성된다.

이때 검정시행계획수립 시에는 고용노동부의 승인을 받아야 하며, 현행 한국산업인력공단 기준으로 문제출제는 문제은행 시스템에 의거, 출제된다.

이에 국가기술자격의 검정시행 절차를 그림으로 요약·제시하면 다음과 같다.

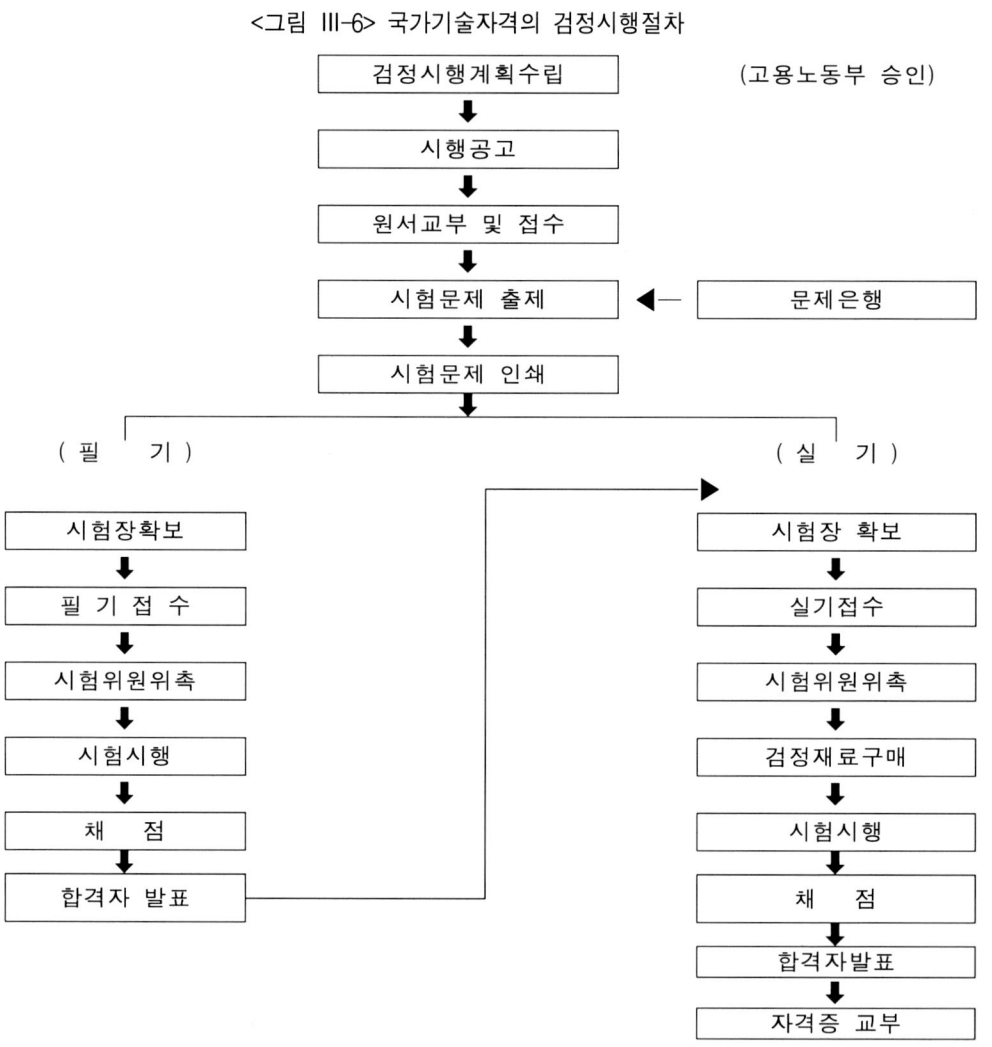

<그림 III-6> 국가기술자격의 검정시행절차

　국가기술자격의 문제출제 절차는 한국산업인력공단 기준으로 크게 문제 작성, 검토 및 문제은행 입고, 문제세트 구성, 문제 선정 및 편집, 최종검토 및 확정, 문제지 발간 및 인계, 가답안 공개, 결과분석 및 보고, 개선(피드백)으로 구성된다.

　이에 국가기술자격의 문제출제 절차를 요약하여 그림으로 제시하면 다음과 같다.

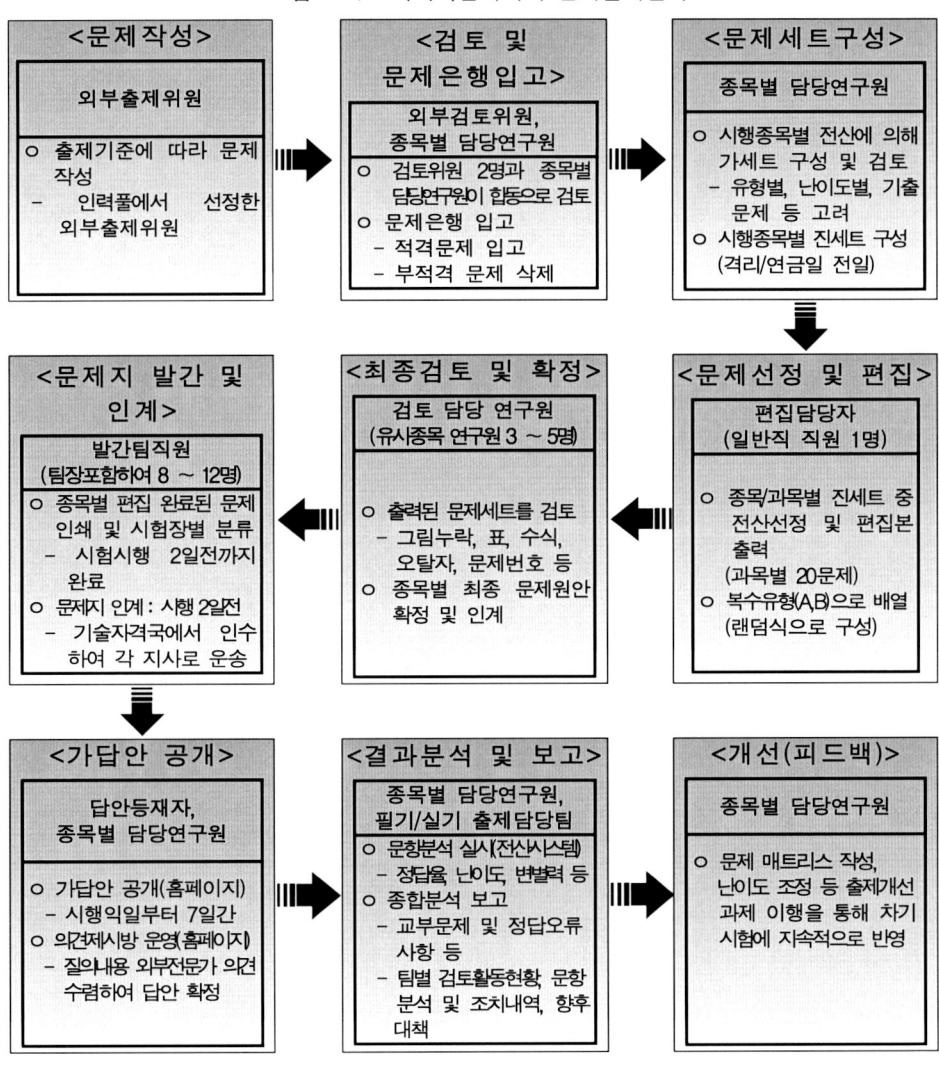

<그림 III-7> 국가기술자격의 문제출제절차

2. 국가기술자격의 국제화를 위한 타당성 분석

국가기술자격의 국제화를 위한 타당성 분석 부분에서는 앞에서 제시한 우리나라 국가기술자격의 현황 분석을 토대로 국가기술자격이 국제화되기 위한 요건들을 분석·제시하고자 하였다. 이에 우리나라 국가기술자격의 현황 분석을 토대로 국가기술자격의 국제화 요건은 크게 다섯 가지가 제시될 수 있으며, 구체적으로는 자격제도 설계 및 운영주체, 경제발전정도에 따른 자격종목의 설계, 자격취득자에 대한 인센티브 제공, 자격의 질 관리, 자격제도 운영을 위한 정보인프라 구성40)이다. 이에 세부적인 내용을 살펴보면 다음과 같다.

1) 자격제도 설계 및 운영주체

국가기술자격제도는 거시적으로는 자국의 사회·경제적 환경, 법령, 자격인프라, 그리고 미시적으로는 산업현장의 요구, 교육훈련 내용, 자격취득자 보상 등, 자격과 관련된 실제적 이슈들과 유기적으로 결합되어있다. 따라서 이들 여러 요건들 가운데 어느 하나라도 순기능을 발휘하지 못한다면, 그 제도는 성공적으로 안착·운영되기 힘들다. 이는 선진국에서 효과적으로 운영되고 있는 제도를 자국에 들여와 벤치마킹 및 운영하는데 있어서도 마찬가지이다.

우리나라의 경우에는 70년대 국가기술자격법이 제정되고 그 이후 국가기술자격이 성공적으로 운영되어 국가경제발전에 이바지하여 왔는데, 이러한 국가기술자격의 성공적 운영 기저에는 모두 앞에서 제시된 요건들이 유기적으로 순기능을 발휘·시너지 효과를 냈기 때문이다.

그리고 그 가운데에서도 가장 성공적 요인으로 제시될 수 있는 것이 바로 '정부주도의 국가기술자격운영'이다.

즉 우리나라의 국가기술자격은 앞에서 살펴본 것처럼 경제개발 당시부터 정부가

---

40) 국가기술자격의 국제화를 위한 타당성 분석에서는 우리나라의 국가기술자격이 과거 제도 발생에서부터 현재에 이르기까지 우리나라 국가경제발전에 필요한 인력들을 제때에 공급해주고, 또한 산업발전을 선도하는 등 그 역할을 제대로 수행해올 수 있었던 요인 등을 파악하는데 중점을 둔다. 따라서 본 장에서 제시되는 국가기술자격의 국제화를 위한 타당성 분석결과는 다음 장에서 제시되는 국가기술자격의 도입방안을 위한 기본틀로 사용된다. 즉 본 장에서 제시되는 요인들을 바탕으로, 수혜대상국은 과연 국가기술자격이 성공하기 위한 기본요건들을 갖추고 있는지 등이 다음 장에서 분석·제시될 것이다.

주도하여 국가기술자격제도를 도입하고 설계하고 운영해왔다.

그리고 이에 따라 우리나라 경제개발 및 성장 단계에서 요구되는 기술·기능인력들이 정부 계획하에 효과적으로 산업현장에 투입될 수 있었고, 이에 우리나라는 단기간에 괄목할만한 경제성장을 이룩할 수가 있었다.

또한 이와 더불어 기술·기능인 양성에 대한 정부수반의 의지 및 강력한 리더십과 주무부처 관료들의 노력, 그리고 범국민적 참여도 우리나라 국가기술자격제도의 성공적 운영에 크게 기여하였으며, 본 제도는 과거부터 현재에 이르기까지 우리나라 경제·사회적 환경변화에 유연하게 변화·발전해 왔다.

이에 정부주도 국가기술자격제도 운영의 특징 및 장점을 제시하면 다음과 같다[41].

첫째, 제도의 정착과 안정을 위하여 법 및 관련 행정처리가 일관되고 신속하게 이루어질 수 있다.

둘째, 국가기술자격제도의 운영을 위한 국가 인프라 확보 및 구축이 용이하다. 특히 정부 주도 하에서는 정부의지에 따라 직업능력개발 분야 인프라가 우선 확보될 수 있다.

셋째, 국가기술자격제도 도입의 경제적 비용을 절감할 수 있다. 즉 앞에서 제시한 바와 같이 정부주도로 자격제도 운영이 이루어지지 않고, 민간주도로 자격제도가 운영되어지거나 혹은 여러 정부부처에서 일관성 없이 자격제도를 운영할 경우, 이에 따른 이중적 경제적 비용 부담, 자원 낭비 등의 문제가 발생할 수 있다. 따라서 정부주도로 국가기술자격제도를 도입·운영할 경우 여러 경제적 비용을 절감할 수 있다.

넷째, 정부주도하의 국가기술자격제도 관리 및 지원은 자격제도 도입 상 발생할 수 있는 외부적 압력 및 제도 도입초기의 약점을 해결할 수 있다.

다섯째, 산업현장에서 필요로 하는 기술·기능인력을 단시간에 대량으로 공급할 수 있다. 즉 정부주도로 산업현장에서 필요한 교육 및 훈련커리큘럼을 개발하고 이를 평가함으로써 단시간에 필요한 인력들을 양성하여 대량으로 산업현장에 공급할 수 있다.

그러나 그럼에도 정부주도의 국가기술자격제도 운영은 다음과 같은 한계점을 나타낼 수 있다

첫째, 제도 운영상의 경직성이 초래될 수 있다. 즉 법령 등에 근거한 제도운영으로 산업구조변화 및 노동인력수요 변화 등 환경변화에 민첩하고 유연하게 대처하는 데에

---

[41] 박재현 외, 2011, *앞의 책*, pp.54~55. 수정 및 보완.

한계가 발생할 수 있다.

둘째, 제도 운영에 있어 산업체 및 관련단체 등의 참여부족을 초래할 수 있고 이에 따라 자격의 현장성 저하 문제가 발생할 수 있다.

셋째, 국가주도의 자격신설 및 제도의 운영은 자칫 자격시장에 대한 민간의 참여를 저해할 수 있으며, 이에 따라 자격제도 운영에 대한 민간의 역량이 개발될 수 있는 기회가 원천적으로 봉쇄되는 결과가 초래되고, 이와 더불어 관치운영의 폐해가 고스란히 도출될 수 있다.

우리나라는 앞에서 제시한 바와 같이 국가기술자격제도를 운영하기 위한 총괄기구를 설치·운영해왔는데, 이와 같은 자격운영을 위한 총괄기구의 설립·운영은 다음과 같은 특징을 가진다.

첫째, 현장의 요구를 모니터링하고 신기술의 변화를 반영하여 자격을 활성화하는데 용이하다.

둘째, 자격의 전문기관으로서의 공신력과 국제적 통용성이 제고될 수 있다.

셋째, 독과점적인 제도 운영으로 자칫 환경변화에 둔감해질 가능성이 있다.

넷째, 정형화된 틀의 운영으로 운영의 경직성이 초래될 수 있다.

2) 경제발전정도에 따른 자격종목의 설계

우리나라 국가기술자격 제도는 '73년 국가기술자격법 제정 이후, 정치·경제·사회적 환경 변화에 따라 변천되어 왔는데, 이는 모두 우리나라 경제발전정도에 맞는 기술·기능인력의 공급을 위한 것이었다.

즉 우리나라 산업구조 변화 및 직업 등의 변화에 따라 직무수준 및 자격등급·종목이 변화되었으며, 이러한 자격종목 및 등급의 변화는 산업현장에 맞는 인력을 적시에 공급하는데 기여한 바가 크다.

이에 우리나라 경제발전정도에 따른 자격등급 및 종목의 변화는 다음과 같은 특징을 가진다.

첫째, 산업의 발전정도에 따라 자격종목이 신설 또는 통·폐합, 폐지되었다. 즉 신기술 개발 및 신산업의 생성은 곧 국가기술자격종목의 개발 및 신설로 이어졌고, 이와 반대로 산업현장의 수요를 제대로 따라가지 못하거나 퇴보하는 산업의 국가기술자격은 통·폐합 또는 폐지되었다.

둘째, 자격등급이 과거 8등급 체계에서 5등급 체계로 변화하는 등, 우리나라의 국가기술자격은 외국의 사례를 그대로 모방하지 않고, 우리나라 실정에 맞는 등급체계를 발전시켰다.

셋째, 자격종목에 대한 지속적인 관리노력을 통하여, 양질의 기술·기능인력 양성 및 이를 통한 국가경쟁력 강화 등, 국가기술자격의 등급·종목의 변화는 우리나라의 경제발전을 선도하였다.

그러나 그럼에도 우리나라 경제발전정도에 따른 자격등급 및 종목의 변화는 유사 직무내용을 가진 자격종목의 존재, 자격취득경로의 다양화로 인한 자격취득자 양산 및 이에 못 미치는 자격의 질 관리 등과 같은 한계점을 보여주었다.

따라서 경제발전정도에 따른 자격등급 및 종목의 설계 시에는 다음과 같은 사항에 유의하여야 한다.

첫째, 직무수준과 직무내용이 일부 중복되는 자격의 신설로 유사자격 취득자수가 증가할 수 있다. 이에 유사자격을 산업수요에 맞게 정비하고자 할 때에는 산업현장의 목소리를 충분히 반영할 수 있는 창구를 개설하고 이러한 창구를 통하여 각계각층의 충분한 의견을 수렴해야 하며 또한 절차의 공정성을 확보하여야 한다.

둘째, 국가기술자격종목의 과다한 양적 확대는 자칫 시험 집행 및 자격 사후관리의 질을 저하시킬 수 있다. 따라서 산업수요 및 공급 등에 대한 조사·분석을 통하여 자격 종목의 양을 관리할 필요가 있다.

셋째, 직업자격의 질을 강화하기 위하여 자격의 유효기간 설정, 보수교육 제도 도입 등을 고려할 필요가 있다.

3) 자격취득자에 대한 인센티브 제공

국가기술자격제도가 아무리 잘 설계되고 운영될 지라도 국가기술자격을 취득하기 위한 적정 유인이 제공되지 않는다면, 자격을 취득하고자 하는 수요는 감소할 수 밖에 없고, 또한 이에 따라 산업현장에서 필요한 적정 기술·기능인력은 제때에 적절히 공급될 수 없다.

따라서 국가기술자격 취득의 적정 수요를 위해서는 자격취득의 유인이 반드시 존재하여야 하며, 이러한 유인 중의 하나로 제시될 수 있는 것이 바로 자격취득자에 대한 인센티브 제공이다.

자격취득자에 대한 인센티브 제공은 크게 민간 측면과 정부 측면으로 구분될 수 있다.

우선 민간 측면은 자격을 취득한 사람에 대하여 입직 시 우대혜택을 주거나 혹은 승진, 보수, 전환배치 등 기업 인적자원관리 상의 혜택을 주는 등 민간 측면에서 이루어지는 자발적인 인센티브 제공을 의미하며, 정부 측면은 법령 등에 의하여 강제적으로 자격취득자에게 인센티브를 제공하는 것을 의미한다. 이러한 정부 측면의 인센티브 제공에는 자격취득자에 대한 법령 상 우대, 의무고용형 자격·면허형 자격의 존재 등이 포함될 수 있다.

우리나라의 국가기술자격제도는 과거 도입시기부터 현재에 이르기까지 이러한 자격취득자에 대한 인센티브가 적정히 제공되어 왔다. 즉 자격취득자에 대한 우대법령이 존재하고 있고, 또한 국가기술자격 가운데, 개인의 사업 허가·등록 등의 요건이 되는 자격, 즉 면허형 자격과 기업에서 고용이 의무화되어 있는 자격, 즉 의무고용형 자격이 존재하고 있으며, 그리고 기업 내에서는 자체적으로 자격취득자에게 취업 시 우대혜택을 부여하거나 혹은 재직 시 자격증을 취득한 근로자에게 승진, 전환배치, 보수 등 HRM 상에서 우대혜택을 부여하는 등, 자격취득자에 대하여 각종 인센티브를 제공하고 있는 것이다.

민간 측면의 인센티브 제공은 법에 의한 강제가 아닌 기업 등 민간에서의 자발적인 인센티브 제공이기 때문에 제도가 정착·시행되는 데에는 시간이 많이 소요될 수 있다. 즉 민간 측면의 인센티브 제공은 기업 자체적으로 자격취득자 직업능력에 대한 인정을 전제로 이루어지는 것으로 이러한 자격취득자 직업능력에 대한 기업 측면의 인정에는 시간이 많이 소요되기 때문이다.

그러나 이에 반하여 정부 측면의 인센티브 제공은 법령 등에 의하여 인센티브를 제공하는 것이기 때문에 오히려 민간 측면의 인센티브 제공에 비하여 제도 정착·시행에 비교적 시간이 적게 소요될 수 있다.

따라서 우리나라는 우선적으로 자격취득자에 대한 인센티브 제공에 있어 정부 측면의 인센티브를 선호해왔으며, 현재에는 정부 측면뿐만 아니라 민간 측면의 인센티브도 적절히 제공되고 있다.

이에 자격취득자에 대한 인센티브 제공의 장점을 제시하면 다음과 같다[42].

---

42) 박재현 외, 2011, 앞의 책, p.57. 수정 및 보완.

첫째, 양질의 인력을 자격시장으로 유도하여 자격의 활용도를 높일 수 있다. 그리고 이와 더불어 자격의 위상을 높이고 노동시장에서의 자격의 가치를 향상시킬 수 있다.

둘째, 학력으로 직업세계에 진출하고자 하는 인력을 자격시장으로 유도하여 학력중심사회가 아닌 능력중심사회를 선도할 수 있다.

한편 자격취득자에 대한 인센티브 제공이 제대로 이루어지기 위해서는 다음과 같은 사항에 유의하여야 한다.

첫째, 부정한 방법의 국가기술자격 취득 및 국가기술자격의 대여를 방지하여야 한다. 즉 자격취득자에 대한 인센티브 제공은 정당한 개인의 노력으로 자격을 취득하는 것이 아닌 자칫 부정한 방법으로 자격을 취득하거나 혹은 타인이 취득한 국가기술자격을 대여하고자 하는 유인을 증가시킬 수 있다. 그러나 이는 자격의 가치를 떨어뜨리고 더 나아가 국가기술자격제도의 근간을 흔들 수 있는 일인 만큼 부정한 방법을 통한 국가기술자격의 취득과 국가기술자격의 대여를 반드시 방지하여야 한다.

둘째, 자격취득자에 대한 인센티브 제공과 관련하여 민간 측면의 자발적인 인센티브 제공이 유도될 수 있도록 자격의 현장성 및 통용성이 강화되어야 한다.

4) 자격의 질 관리

국가기술자격이 개인의 직업능력을 제대로 표시해주고, 이에 따라 자격의 수요자가 필요한 인력을 제대로 선택할 수 있도록 하는 것은 자격의 중요한 기능이다[43].

즉 자격은 자격의 수요자와 자격의 공급자 간의 정보불일치 현상을 해소할 수 있는 중요한 기제인 것이다.

그러나 만약 자격이 이러한 기능을 제대로 수행하지 못하여, 개인의 직업능력을 제대로 표시해주지 못한다면, 자격의 수요자는 잘못된 선택을 할 수 있고, 또한 이러한 잘못된 선택이 축적되면, 산업현장에서 자격은 더 이상의 신호기능[44]을 수행할 수 없게 되고, 결국 자격의 가치는 하락할 수 밖에 없다.

---

[43] 이를 자격의 신호기능이라고 한다.
[44] 자격은 노동시장에서 노동공급자가 가지고 있는 능력을 표징할 수 있는 대표적인 신호(signaling) 기제로서 작동하고 더 나아가 사회가 필요로 하는 능력의 형성과 향상을 선도(guide)하며, 기업 측면에서 인적자원을 채용 시 선별(screening)할 수 있는 수단으로 작동하게 된다(강순희 외, 2003, *자격제도의 비전과 발전방안*, 한국노동연구원).

그리고 더구나 자격 가치의 하락은 자격에 대한 신뢰도 하락, 자격제도 자체에 대한 불신 증가 등을 유발할 수 있다.

따라서 자격이 신호기능을 제대로 수행할 수 있도록, 그리고 개인 직업능력 정도에 따라 자격수요자가 자격을 취득한 개인을 선택하는 데에 도움을 줄 수 있도록[45], 자격의 설계에서부터 운영, AS에 이르기까지 자격 전(全) 프로세스에 걸쳐 체계적인 관리가 필요하다.

우선 자격의 설계부분에서는 산업현장의 수요를 반영하여 자격종목의 등급·직무내용 등을 설계하고, 자격의 운영 부분에서는 개인이 정당한 방법에 의하여 자격을 취득할 수 있도록 하며, 자격의 AS 부분에서는 자격이 제대로 활용될 수 있도록 그 토대를 마련하여야 한다.

특히 자격의 AS 부분에서는 취득한 자격이 지속적으로 유용성을 가지도록 보수교육 및 자격 갱신 등의 노력이 필요하다.

우리나라의 경우에는 과거 국가기술자격에 대한 보수교육 등으로 자격의 품질을 지속적으로 관리하고자 노력하였다.

즉 우리나라의 보수교육은 '84년 국가기술자격법 시행령 개정으로 23개 기관에서 시행된 바 있는데, 이는 자격취득자의 직무수행 능력을 보장하기 위해 자격을 갱신하여 등록하도록 하는 것으로, 당시 서비스계를 제외하고 보수교육 대상자는 5년마다 갱신 등록하도록 하는 것이었다. 이에 보수교육의 대상자는 다음과 같이 규정되었다.

첫째, 국민의 생명과 재산의 안전에 관련되는 위험이 큰 종목의 국가기술자격 취득자, 둘째 기술수준의 변화가 급격하여 기술보완이 요구되는 종목 249개의 국가기술자격취득자, 그리고 마지막으로 해외인력진출 등 국가시책상 필요하다고 인정되는 대상이다[46].

그러나 이 제도는 '99년 정부의 행정규제기본법에 따라 보수교육 및 갱신등록 의무제가 폐지됨으로써 자격의 유효기간제도는 폐지되었으며, 이후 다시 제기된 보수교육 및 자격유효기간제에 대한 필요성에 따라 현재 보수교육 등을 위한 제도 마련에 노력하고 있다.

---

[45] 이를 자격의 선별기능이라 한다.
[46] 한국산업인력공단, 2002, *한국산업인력공단 20년사*, p.164.

5) 자격제도 운영을 위한 정보 인프라 구성

자격제도 운영을 위한 정보인프라의 구축은 자격제도를 운영하는데 매우 중요한 요소이다.

우리나라는 '한국기술검정공단'의 설립이후 자격검정수요의 증가를 예측하여 검정업무 전산화에 노력하였고[47], 이에 따라 자격정보를 총괄·관리할 수 있는 자격정보시스템이 구축되었다.

이러한 자격정보시스템은 자격의 성과분석을 위한 매우 중요한 인프라로 그 중요성을 살펴보면 다음과 같다.

첫째, 축적된 데이터의 분석을 통하여 자격의 현장 활용성에 대한 지속적인 모니터링이 가능하다. 그리고 기본적으로 국가기술자격과 관련된 유용한 데이터를 제공할 수 있다.

둘째, 자격취득자의 DB를 체계적으로 확보 및 관리할 수 있으며, 이에 따라 자격의 활용도 제고, 자격제도 개선 등에 본 DB를 활용할 수 있다.

셋째, 국가에서 운영하는 모든 자격유형에 대하여 기본적 정보 관리를 시스템적으로 일원화할 수 있다.

그러나 그럼에도 자격제도 운영을 위한 정보인프라 구축 및 운영에 있어서 다음 사항에 유의하여야 한다.

첫째, 국가기술자격 관련 DB 관리를 철저히 하여야 한다. 특히 개인정보의 유출과 보안에 유의하여야 한다.

둘째, 자격정보시스템의 콘텐츠를 최신화하기 위하여 이를 위한 지속적인 투자가 필요하다. 즉 급변하는 IT 기술에 따라 자격정보시스템도 시대에 맞게 지속적으로 업그레이드하는 것이 필요하다[48].

---

47) 한국산업인력공단, 2002, *앞의 책*, p.116.
48) 박재현 외, 2011, *앞의 책*, pp.58~59. 일부 수정 및 보완.

IV. 국가기술자격의 캄보디아 도입방안

본 장에서는 앞에서 제시한 캄보디아의 일반적 환경분석, 그리고 우리나라 국가기술자격 제도를 기반으로 살펴본 국가기술자격의 국제화를 위한 타당성 분석 결과를 바탕으로 캄보디아에 국가기술자격을 도입하기 위해서는 어떠한 전략을 수립하여야 하는지를 개괄적으로 제시하고자 하였다.

구체적으로 본 장은 첫째, 국가기술자격 도입을 위한 제반 특성 분석, 둘째 대상분야의 선정, 셋째 캄보디아 국가기술자격의 운영을 위한 추진체계로 구성되어 있으며, 이를 살펴보면 다음과 같다.

1. 국가기술자격 도입을 위한 제반 특성 분석

국가기술자격 도입을 위한 제반 특성 분석에서는 앞에서 살펴보았던 캄보디아의 일반적 환경분석에서 더 나아가 좀 더 구체적으로 국가기술자격 도입과 관련된 특성을 분석하는 데에 중점을 두었다.

이에 본 절에서는 크게 국가기술자격 도입을 위한 제도적 측면과 노동시장적 측면으로 구분하여 각각 분석·제시하였다.

1) 제도적 측면

캄보디아 국가기술자격 도입을 위한 제도적 측면은 SWOT 분석방법을 통하여 분석되었다.

이에 우선 Strength(강점) 측면을 제시하면 다음과 같다.

첫째, 캄보디아는 앞에서 제시한 바와 같이 ASEAN 국가들 가운데 청년층(15~24세)의 비율이 상대적으로 높다. 따라서 이는 향후 기술·기능인력의 원활한 공급 가능성을 높여준다.

둘째, 캄보디아는 대학입학자와 대학졸업자가 꾸준히 증가하고 있기 때문에 향후 양질의 인력공급이 가능하다.

셋째, 캄보디아는 앞에서 제시한 바와 같이 현재 농업·임업·수산업 등 1차 산업의 비중이 전체 산업 가운데 가장 높은 비중을 차지하고 있으나 제조업 등 2차 산업과 3차 서비스 산업의 비중이 점차 높아지는 등 산업구조가 고도화하는 쪽으로 변화하고 있다.

넷째, 캄보디아에는 기술·기능인력을 양성하여 배출할 수 있는 다수의 직업훈련기관이 존재한다. 이에는 NPIC(캄보디아 기술훈련대학 : National Politechnic Institute of Cambodia), PTC(주(州)별 지역훈련원 : Provincial Training Center) 등이 포함된다.

다섯째, 캄보디아는 자격제도의 인프라로서 제도 틀, 운영 및 활용의 토대가 되는 중요한 요소인 국가직무능력표준(National Competency Standards : NCS)을 개발한 경험이 있으며, 또한 국가직무능력표준에 대한 관심도도 높고, 향후 지속적으로 국가직무능력표준을 개발할 의지를 가지고 있다.

여섯째, 캄보디아는 자격검정을 체계적으로 운영할 수 있는 조직을 가지고 있다. 즉 캄보디아에는 노동직업훈련부가 존재하는데, 본 조직은 캄보디아 내 직업교육훈련을 총괄하는 조직으로, 그 하위조직에는 직무분석, 국가자격제도, 교육과정개발, 기능대회 준비, 산학협력, 검정제도, 수료 및 인증서 관리 등을 담당하는 부서가 있어, 향후 국가기술자격을 도입할 때 현행 체제 그대로도 자격검정사업을 운영할 수가 있다. 또한 부처 협의체인 NTB가 설치·운영되고 있기 때문에 각 부처별로 자격검정 및 직업훈련에 대한 협의가 가능하다.

그리고 Weakness(약점) 측면을 제시하면 다음과 같다.

첫째, 캄보디아는 직업자격에 대한 낮은 인식을 가지고 있다. 즉 앞에서 살펴본 바와 같이 캄보디아에서는 자격증과 학위가 구분되지 않고 그 용어도 혼재되어 사용되기 때문에 캄보디아에서는 직업자격이 무엇인지, 그리고 왜 필요한지 등에 대한 인식이 부족하다.

둘째, 정부기관의 실천력이 부족하다. 즉 앞에서 살펴본 바와 같이 우리나라에서 국가기술자격이 성공적으로 운영될 수 있었던 것은 정부주도의 국가기술자격 운영, 그리고 더 구체적으로는 정부의 강력한 실천의지 등에 기인한 바 크다. 그러나 캄보디아의 경우, 과거 한국산업인력공단에서 캄보디아를 대상으로 수행하였던 PMC 연구용역 결과를 살펴보면 캄보디아 정부기관 담당자들의 제도 운영에 대한 실천의지는 비교적 부족하였던 것으로 보인다.

셋째, 자격검정 인프라 등 전반적으로 사회간접자본(SOC)이 부족하다. 즉 자격검정을 위한 시설·장비 등이 부족하고 자격검정과 매우 밀접한 관련이 있는 직업훈련기관들의 시설·장비 등 외적 인프라가 열악하며, 또한 직업훈련기관 간 시설장비의 수준 격차도 심한 편이다.

넷째, 자격에 대한 기업의 관심이 부족하다. 즉 국가기술자격이 효과적으로 운영되기 위해서는 앞에서 제시한 바와 같이 자격취득자에 대한 인센티브가 제대로 제공되어야 한다. 그러나 캄보디아에서는 자격증과 학위의 개념이 혼재되어 있고, 또한 직업자격의 필요성도 인지 못하는 경우가 많기 때문에 마찬가지로 기업측면에서도 자격에 대한 필요성 및 활용 등 전반적으로 자격에 대한 관심이 저조하다.

다섯째, 대량 인력 고용이 가능한 제조업 중심의 육성 정책이 부족하다[49]. 즉 캄보디아는 현재 농업·임업·수산업 등 1차 산업 위주의 구조를 가지고 있다. 그러나 이들 1차 산업 위주의 구조에서는 대량 인력의 고용이 가능하지 않고, 오히려 제조업 등 2차 산업의 구조에서는 비교적 대량 인력의 고용이 가능하다. 그러나 그럼에도 현재 캄보디아에서는 제조업 중심의 육성 정책이 활발히 추진되고 있지 않다.

Opportunity(기회) 측면을 제시하면 다음과 같다.

첫째, 숙련된 기능인력에 대한 수요가 증가하고 있다. 즉 캄보디아는 산업구조가 1차 산업에서 2차·3차 산업위주로 고도화되고 있기 때문에 향후 캄보디아에서는 2·3차 산업에서 근무할 숙련된 기능인력이 많이 필요할 것으로 예상된다.

둘째, 국가 간 인적자원교류가 활성화되고 있다. 즉 국제교류협력의 탈 규제화 및 인류적 대의에 따라 국가 간 협력 사업은 점차 확대되고 있기 때문에[50], 이에 따라 국가 간 인적자원교류의 활성화는 캄보디아 국민들에게 해외취업의 기회 제공 등 분명 기회요인으로 작용할 수 있다.

셋째, 아시아·중남미 등 개도국의 HRD 사업이 활성화되고 있다. 즉 현재 선진국과 개도국 간 경제격차 해소 및 개도국 경제발전을 위한 국제사회의 협력이 강화되고 있으며, 또한 아시아·중남미 등도 이러한 국제정세에 힘입어 국제 차관자금 및 무상원조에 의한 HRD 사업을 활발히 진행 중에 있다[51]. 따라서 이는 캄보디아를 대상으로 한 국제차관자금 및 무상원조 가능성의 증대를 가져올 수 있고, 이에 캄보디아에게는 기회요인으로

---

49) 한국산업인력공단, 2009, 앞의 책, p.78.
50) 손배원 외, 2009, 국제협력사업의 체계적인 추진방향에 관한 연구, p.11.
51) 손배원 외, 2009, 앞의 책, p.12.

작용할 수 있다.

넷째, ODA(공적개발원조) 규모가 확대되고 있다. 즉 ODA 규모는 과거부터 현재까지 계속 확대되어 왔으며, 이는 앞으로 캄보디아 국가기술자격 도입에 필요한 인프라 구축 및 운영에 기회요인으로 작용할 수 있다.

Threat(위협) 측면을 제시하면 다음과 같다.

첫째, 캄보디아는 ASEAN 국가들 가운데 비교우위를 가진 항목이 비교적 적다. 즉 캄보디아가 ASEAN 국가들 가운데 비교적 경쟁력이 있는 것은 저렴한 노동력뿐으로[52], 만약 이들 노동력도 타 ASEAN 국가들에 비하여 숙련도가 떨어진다면 캄보디아가 상대적으로 경쟁력을 가진 것은 없으므로 이는 캄보디아에게 위협요인으로 작용할 수 있다.

둘째, 캄보디아는 제조업 발달에 필수적인 전기 공급이 원활하지 못하다[53]. 즉 앞에서 제시한 바와 같이 제조업은 대량 인력의 고용이 가능한 산업으로 향후 캄보디아가 육성해야할 산업분야라고 할 수 있다. 그러나 현재 캄보디아는 자국에서 전기를 생산하지 못하여 베트남으로부터 전기를 수입하여 사용하고 있다. 따라서 이러한 상황에서는 제조업이 충분히 발달할 수 없으며, 이에 원활하지 못한 전기 공급은 캄보디아에게 위협요인으로 작용할 수 있다.

셋째, 국가 간 제도·문화의 차이 등 국제교류 협력의 제약요인이 상존한다. 기본적으로 집단과 집단 간의 교류협력이 원활이 이루어지기 위해서는 집단 간 동질성이 확보되어야 한다. 이는 비교적 문화가 유사한 유럽공동체가 정치·경제·사회적으로 다른 어느 지역공동체보다 잘 운영되고 있다는 사실에서도 알 수 있다. 따라서 국가 간 문화나 제도 등의 차이는 국제교류협력에 있어서 언제나 제약요인으로 작용한다는 것은 자명하다. 따라서 캄보디아와 우리나라 간의 문화적·제도적 이질성은 국가기술자격 도입에 대한 위협요인으로 작용할 수 있다.

이에 캄보디아 국가기술자격 도입을 위한 제도적 측면의 SWOT 분석결과를 정리하여 제시하면 다음과 같다.

---

[52] 한국산업인력공단, 2012, 캄보디아 현지조사 인터뷰 결과자료.
[53] 한국산업인력공단, 2012, 캄보디아 현지조사 인터뷰 결과자료.

<표 IV-1> 국가기술자격의 캄보디아 도입을 위한 제도적 측면 SWOT 분석

Strengths	Opportunities
• ASEAN국가들 중 청년층 비중 높음 • 양질의 인력공급 가능 • 산업구조의 고도화 가능성 • 직업훈련기관이 다수 존재 • 직무능력표준에 대한 개발의지 높음 • 자격검정을 운영할 수 있는 조직존재	• 숙련된 기능인력에 대한 수요 증가 • 국가 간 인적자원교류 활성화 • 아시아・중남미 등 개도국의 HRD 사업 활성화 • ODA(공적개발원조) 규모의 확대
Weaknesses	Threats
• 직업자격에 대한 낮은 인식 • 정부기관의 실천력 부족 • 자격검정 인프라 등 SOC 부족 • 자격에 대한 기업의 관심 부족 • 대량 인력 고용이 가능한 제조업 육성 정책 부족	• ASEAN국가들 중 비교우위 항목 적음 • 제조업발달에 필수적인 전기 공급이 원활하지 못함 • 국가 간 제도・문화의 차이 등 국제교류협력의 제약요인 상존

2) 노동시장적 측면

캄보디아 국가기술자격 도입을 위한 노동시장적 측면의 특징을 제시하면 다음과 같다[54].

첫째, 여성의 경제활동 참가율이 높고 청년층의 노동인력이 풍부하다. 캄보디아 여성의 경제활동참가율이 높은 것은 '90년대까지의 내전기간 동안 남성들이 대량학살 당함으로써 여성비율이 불균형적으로 높아진 것에도 기인하지만 또한 이는 여성들이 가계의 주요 수입원으로서 남성과 같이 중요한 역할을 하고 있음을 의미한다.

특히 농촌 지역에서는 여성의 경제활동 참가인구가 남성보다 많고 도시지역에서도 특정 분야를 제외하고는 여성이 남성과 동등하게 경제활동에 참여하고 있다. 그러나 캄보디아 여성들은 아직까지는 농사일 같은 무임금 가정종사자(Unpaid Family Worker)로

---

[54] 한국산업인력공단, 2009, 앞의 책, pp.230~232. 수정 및 보완 인용.

상당수 일하며, 심지어 고용여성이라 할지라도 상당수가 의류산업부문이나 비정규부문에서 일하고 있다.

둘째, 앞에서 제시한 바와 같이 노동시장의 수요와 공급 측면에서 농업부문이 여타 산업에 비하여 압도적으로 그 비율이 크다. 그리고 이러한 노동시장의 수요와 공급 부문에서의 농촌지역의 압도적 우위는 캄보디아 전체 실업률을 7% 전후로 떨어뜨리는 데 기여한 바가 크다. 농업부문의 우위는 노동시장에서 비교적 장기간 유지되겠으나 향후 산업의 점진적인 발전과 함께 농업부문에서의 경제활동인구는 점차 감소하고 있으며, 또한 최근 농촌에서 대도시로 젊은 층의 유입이 증가하고 있다.

셋째, 단순 노동인력은 많으나 전문가나 숙련 기능공이 많지 않다. 이는 기본적으로 산업이 발달하지 않아 1차 산업 종사자 비율이 높은 것에 기인한 것도 있으나, 1차 산업에 종사하더라도 상당수가 특정의 기술 또는 기능을 제공하고 대가를 받는 임금근로자가 아니라 가정에서 노동을 제공한다고 볼 수 있는 무임금 가정종사자가 많고, 캄보디아의 교육수준이 낮은 것에도 기인한다. 캄보디아의 교육수준은 인근 태국이나 베트남 등 인도차이나 반도의 여타 국가들과 비교하여 뒤떨어져있는 실정이다. 이로 인하여 봉제분야와 같이 단순 반복적인 동작이나 스킬을 요하는 분야에서는 인력이 과잉 공급되고 그렇지 않은 분야에서는 기술인력의 공급이 원활하지 않다.

넷째, 전체 노동인력에서 비공식부문(Informal Sector)55)의 경제활동인구 비중이 압도적으로 높고 7세 이상 14세 이하의 어린이 노동 문제가 심각하다. 노동시장에서 가족경영의 소규모사업자, 시장 상인, 운송 근로자, 소규모 건설 현장 근로자, 길거리 상인, 접대부, 가사 노동자와 같은 비공식부문의 근로자는 장시간 일하고 위험한 근로환경에 노출되는 경우가 많고 저임금에 시달리는 반면, 사회보장이나 법적 보호를 받지 못하는 경우가 대부분이다. 또한 어린이 노동문제와 관련해서 캄보디아는 동남아 국가들 가운데 어린이 노동의 비율이 가장 높은 나라이다. 어린이 근로자는 대부분 가족이 하는 농사나 수산업에서 일하거나 이웃의 집에서 일손을 돕는다.

다섯째, 캄보디아에서는 많은 노동인력이 해외로 송출되고 있다. 특히 인접국가인

---

55) 비공식부문(Informal Sector)이라는 용어는 '70년대 ILO를 중심으로 사용되기 시작했다. 이 정의는 사용하는 사람에 따라 다양하지만 여기에서는 캄보디아 조세부(Tax Department)와 같이 특정한 형태의 허가 하에 세금을 납부하는 기업으로 한정한 '공식부문(Formal Sector)'에 상반되는 개념으로 사용한다(한국산업인력공단, 2009, 앞의 책, p.231.).

태국 및 말레이시아에 많은 인력이 나가 있으며, 또한 우리나라의 경우에도 한국어능력시험 실시 이후로 그 수가 증가하고 있다.

2. 대상분야의 선정

대상분야의 선정 부분에서는 캄보디아에 국가기술자격을 도입하고자 할 경우, 어느 분야를 그 대상으로 할 것인지를 분석·제시하고자 하였다.

이에 본 절에서는 크게 국가기술자격에 대한 니즈분석과 대상분야의 선정으로 구분하여, 앞에서 제시한 설문조사 결과와 주요 산업현황을 토대로 이를 분석·제시하였다.

1) 국가기술자격에 대한 니즈분석

국가기술자격에 대한 니즈는 앞에서 제시한 설문조사 결과를 토대로 분석되었다.

설문조사에서는 '캄보디아에서 자격증은 필요하다고 생각하십니까?'와 '(필요하다고 답한 경우)자격증은 왜 필요하다고 생각하십니까?', '한국의 자격증과 유사한 자격증이 캄보디아에도 생긴다면, 귀하는 그 자격증을 취득하겠습니까?', '한국의 자격증과 유사한 자격증이 캄보디아에도 생긴다면, 자격증의 수준은 어느 정도이면 좋겠습니까?'라는 총 네 개의 설문항목으로 국가기술자격에 대한 니즈를 파악·분석하고자 하였다.

설문조사 결과 앞에서 제시한 것처럼, 우선 '캄보디아에서의 자격증의 필요성'에 대해서는 응답자 가운데 총 97.6%가 캄보디아에서 자격증이 필요하다고 응답하여, 캄보디아에서 자격증에 대한 니즈는 충분히 큰 것으로 파악된다.

또한 캄보디아에서 자격증이 필요한 이유에 대해서는 약 45.4%가 '회사에 취업하기가 쉬워서', 그리고 약 35.3%가 '현재의 일을 더 잘할 수 있기 때문에'라고 응답함으로써, 자격증은 캄보디아인들의 입직을 위해서, 가장 많이 필요한 것으로 분석되었다.

향후 한국 자격증 취득 의향에 대해서는 응답자의 총 94.3%가 향후 한국의 자격증을 취득하겠다고 응답하여, 캄보디아에서 자격증에 대한 니즈도 존재하고 또한 한국의 국가기술자격에 대한 캄보디아인들의 관심도 비교적 높은 것으로 분석되었다.

캄보디아 내 신설 한국 자격증의 수준에 대해서는 응답자의 총 74.1%가 '한국의 자격증과 동일한 수준이면 좋겠다'라고 응답하여, 한국의 국가기술자격이 캄보디아에 이식된다면 그

수준은 한국의 수준과 동일한 수준으로, 따라서 한국 국가기술자격체계 상 5등급 체계에서 특정 등급을 선택하는 것이 효과적일 것으로 분석되었다.

<그림 Ⅳ-1> 국가기술자격에 대한 니즈분석

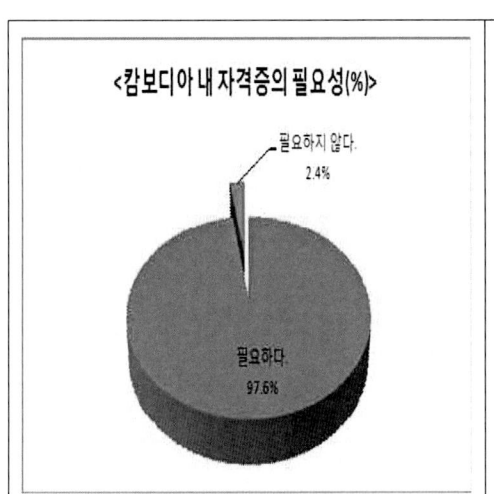
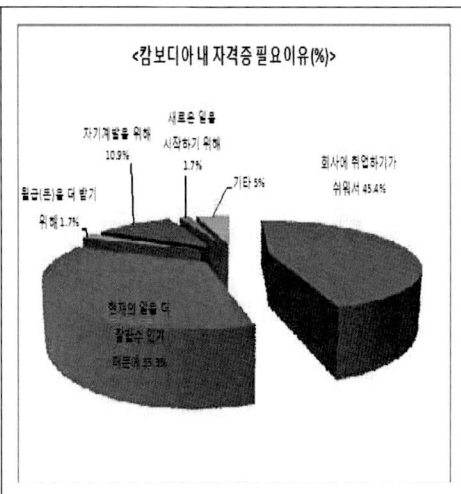
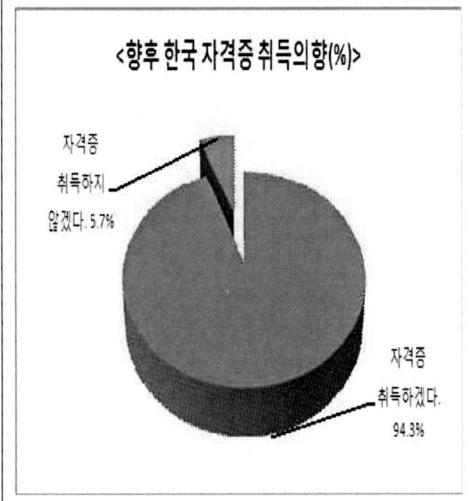
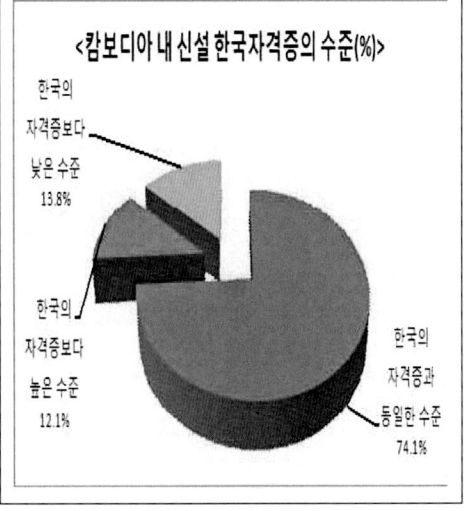

2) 대상분야의 선정

대상분야의 선정에서는 앞에서 제시한 설문조사결과와 주요 산업현황을 토대로 분석, 도출된 결과를 제시하였다.

우선 설문조사에서는 '캄보디아에서 가장 필요한 자격증의 분야는 어느 분야라고 생각하십니까?'와 '한국의 자격증과 유사한 자격증이 캄보디아에도 생긴다면, 어느 분야에 자격증이 생기면 좋겠습니까?'라는 두 개의 설문항목으로 국가기술자격의 대상분야를 선정하고자 하였다.

설문조사 결과 앞에서 제시한 것처럼, 우선 현재 캄보디아에서 가장 필요한 자격증의 분야는 'IT분야'이며, 그 다음으로는 전기/전자>관광 순으로 나타났다.

캄보디아 내 한국 자격증 신설 희망분야로는, '농업분야'가 자격증이 가장 필요한 분야로 나타났으며, 그 다음으로는 전기/전자>IT분야 순이었다.

<그림 IV-2> 대상분야의 선정(설문조사 결과)

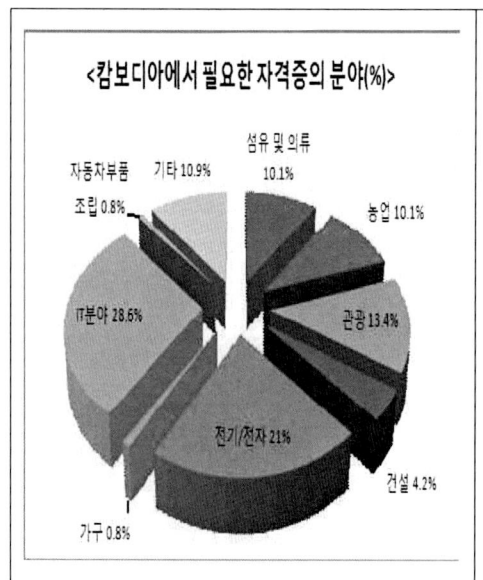
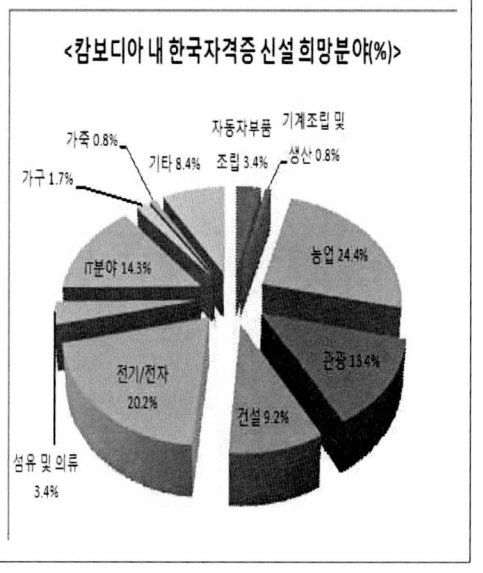

주요 산업현황에서는 앞에서 살펴본 바와 같이, 의류 및 신발산업이 캄보디아 전체 수출의 70~80%를 차지하고 있고 또한 투자가 급증하고 있는 분야이다. 그러나 의류 및

신발산업분야는 앞의 캄보디아 국가기술자격 도입을 위한 노동시장적 측면의 특징에서도 살펴본 바와 같이 단순 반복적인 동작이나 스킬을 요하는 분야이고 현재 인력이 과잉 공급되고 있는 상태이다.

그리고 기계 및 전기/전자 산업은 아직 개발초기단계라 그 산업의 발달정도가 다른 산업분야에 미치지 못하고, 숙련된 기술인력의 공급이 원활하지 않은 상태이나, 향후 대량 고용이 유발될 수 있는 분야이기 때문에 앞으로 발전시켜야 할 분야라고 할 수 있다.

또한 관광산업은 캄보디아에서 급부상하고 있는 산업분야라고 할 수 있으나, 이는 서비스 분야로 한국의 국가기술자격에서 포괄하고 있는 범위가 아니다.

이에 설문조사 결과와 주요 산업현황 분석 결과를 토대로 캄보디아 국가기술자격 도입을 위한 대상분야를 제시하면 전기/전자분야 및 IT분야라고 할 수 있으며[56], 해당분야 우리나라 국가기술자격의 각 종목을 제시하면 다음과 같다.

<표 Ⅳ-2> 대상분야의 선정(전기/전자분야 및 IT분야)

직무분야(26)	중직무분야(61)	기술·기능 분야(481)				
		기술사	기능장	기사	산업기사	기능사
		84	27	103	110	157
전기/전자 (2/34)	전기(16)	건축전기설비				
		발송배전				
			전기	전기	전기	전기
				전기공사	전기공사	
		전기응용				
		전기철도		전기철도	전기철도	

---

56) 국가기술자격의 대상분야 및 종목을 선정할 때에는 여러 가지 기준이 고려될 수가 있다. 일례로 '캄보디아 국가기술자격 구축 지원사업 최종결과보고서(한국산업인력공단, 2009)'에서는 대상종목의 선정기준으로 총 3가지 기준을 제시하였다. 즉 대상국의 산업수요가 높은 직군, 교육훈련기관의 안정적 양성 및 검정시행이 용이한 직종, 대상국의 국가직무능력표준 개발 직종이 3가지 기준으로 본 기준에 의거, 자동차(motor vehicles), 기계제조(machinery making), 건축(architecture), 전기(electricity), 컴퓨터(computer), 섬유(garment)분야 등 총 6개 분야가 대상분야로 선정된 바 있다.

직무분야(26)	중직무분야(61)	기술·기능 분야(481)				
		기술사	기능장	기사	산업기사	기능사
		84	27	103	110	157
		철도신호		철도신호	철도신호	
						철도전기신호
	전자(18)			광학		광학
					광학기기	
				반도체설계	반도체설계	
		산업계측제어				
				의공	의공	
						의료전자
				전자계산기		전자계산기
					전자계산기제어	
			전자기기			전자기기
				전자	전자	
		전자응용				
						전자캐드
정보통신 (3/28)	정보기술 (12)					
					사무자동화	
				전자계산기조직응용		

직무분야(26)	중직무분야(61)	기술·기능 분야(481)				
		기술사	기능장	기사	산업기사	기능사
		84	27	103	110	157
		정보관리				
						정보기기운용
				정보처리	정보처리	정보처리
		컴퓨터시스템응용				
	방송·무선 (6)			방송통신	방송통신	방송통신
				무선설비	무선설비	무선설비
	통신(10)			전파전자통신	전파전자통신	전파전자통신
		정보통신		정보통신	정보통신	
						통신기기
					통신선로	통신선로
			통신설비			

2. 캄보디아 국가기술자격의 운영을 위한 추진체계

캄보디아 국가기술자격의 운영을 위한 추진체계 부분에서는 캄보디아에 국가기술자격을 도입하고자 할 경우, 그 운영을 위한 추진체계는 어떻게 구성되고 관리되어야 할 것인지를 캄보디아 정부 측면, 한국산업인력공단 측면, 한국정부 및 민간 측면으로 구분하여 제시하고자 하였다.

이에 각각의 측면을 살펴보면 다음과 같다.

1) 캄보디아 정부 측면

캄보디아는 과거 한국의 70년대와 그 경제적 상황이 유사하다. 따라서 한국의 70년대 국가기술자격제도의 근간을 유지하면서, 캄보디아의 사회적·경제적 측면을 고려한 제도의 운영이 필요하다. 즉 앞에서 살펴보았던 것처럼 한국에서 국가기술자격이 성공적으로 운영될 수 있었던 것은 정부주도의 국가기술자격 운영, 경제발전정도에 맞는 자격종목의 설계, 자격취득자에 대한 인센티브 제공, 자격의 질 관리, 자격제도 운영을 위한 정보 인프라 구성 등 5가지 요인이 긍정적으로 작용했기 때문으로, 캄보디아에 국가기술자격을 도입하기 위해서는 이들 요인이 성공적으로 작용할 수 있도록 하는 것이 중요하다.

이에 캄보디아 국가기술자격 운영을 위한 추진체계로서 캄보디아 정부 측면에서는 크게 두 가지를 실천하는 것이 요구되어진다 하겠다.

첫째, 국가직업자격과 관련된 법령 등을 제정할 필요가 있다. 즉 현재 캄보디아에는 학위와 자격증 간에 엄격한 구별이 존재하지 않고, 엄밀한 의미의 국가직업자격제도가 없기 때문에, 우리나라 국가기술자격법의 구조와 내용을 기반으로 하되, 캄보디아 현지의 사회·경제적 특징을 담아낼 수 있는 법령 등의 제정이 필요하다. 그리고 이 캄보디아 국가직업자격법령 등에는 정부주도의 국가직업자격 운영, 자격취득자에 대한 인센티브 제공, 자격의 질 관리, 자격제도 운영을 위한 정보 인프라 구성 등이 포함되어야 할 것이다.

또한 구체적으로 정부주도의 국가직업자격 운영 부분에서는 캄보디아 경제 성장 단계에서 요구되는 기술·기능 인력들에 대한 수요와 공급 측면을 분석하여 정부 계획 하에 어느 분야의 어떤 종목을 신설하여 운영할 것인지, 국가직업자격 운영에 있어서 관리주체는 구체적으로 어느 정부부처가 될 것인지, 국가직업자격의 구조는 어떻게 될 것인지 등이 포함될 수 있다.

자격취득자에 대한 인센티브 운영 부분에서는 새로운 국가직업자격을 취득한 사람들을 대상으로 인센티브는 어떻게 주어질 것인지 등에 대한 내용이 포함될 수 있는데, 이에는 법령 상으로 어떠한 특정 자격을 의무고용형 또는 면허형 자격으로 할 것인지, 그리고 다른 법령 상 우대혜택으로 공무원·공공기관 임용 시 가산점을 줄 것인지 등에 대한 내용들이 포함될 수 있다.

자격의 질 관리 부분에서는 자격의 설계에서부터 운영, AS에 이르기까지 자격 전(全) 프로세스에 걸친 체계적인 관리 부분이 포함되어야 하는데, 이에는 자격취득자의 법정 등록, 자격취득자에 대한 보수교육, 자격 갱신제도, 자격 효용성 평가를 통한 자격종목의 통·폐합 등이 포함될 수 있다.

자격제도 운영을 위한 정보 인프라 구성부분에서는 자격관련 DB를 체계적으로 관리·운영하기 위한 제반 정보 인프라 부분이 포함되어야 하는데, 이에는 자격관련 DB 관리주체, 자격관련 DB 시스템의 구성 등이 포함될 수 있다.

둘째, 국가직업자격을 전담하여 운영할 수 있는 전담기관의 설립이 필요하다. 이는 정부 주도의 국가직업자격을 효과적으로 운영하기 위해서는 국가직업자격의 운영만을 전담하는 조직이 필요함을 의미하며, 이러한 조직은 과거 한국산업인력공단('한국기술검정공단')의 모습을 벤치마킹할 수도 있다. 즉 과거 한국산업인력공단에는 그 하위 기관으로 전국조직인 직업교육훈련기관이 존재하여 한국산업인력공단에서 직업교육훈련 및 자격검정 사업을 모두 수행할 수 있었다. 따라서 캄보디아의 국가직업자격 전문기관은 이와 비슷한 조직의 형태로, 현행 캄보디아에 존재하고 있는 NPIC와 PTC 등의 기관을 하위의 소속기관으로 하고 자격검정사업을 주된 사업으로 하는 전담기관으로서의 조직형태를 보여줄 수 있다.

캄보디아 정부 측면의 두 가지 실천 요구사항은 비교적 장기적 실천과제로 제시될 수 있는데, 이는 법령 등의 제정 및 국가직업자격 전담기관의 설립에는 비교적 시간이 많이 소요되기 때문이다.

따라서 캄보디아 국가기술자격의 도입을 위한 단기적 실천과제로는 한국산업인력공단이 국가직업자격 전담기관으로서의 역할을 수행하는 것, 그리고 한국산업인력공단과 캄보디아 내 NPIC 및 PTC 등 직업교육훈련 전문기관과 MOU를 체결하고, 직업교육훈련 전문기관의 교육과정 이수와 한국산업인력공단의 자격검정을 연계시키는 것, 한국산업인력공단의 자체 직업교육훈련 전문기관 및 자격검정기관을 캄보디아 내에 설립하고, 동 기관에서 직업교육훈련 및 자격검정을 시행하는 것 등이 제시될 수 있겠다.

2) 한국산업인력공단 측면

캄보디아 국가기술자격 운영을 위한 추진체계로서 한국산업인력공단 측면에서는 앞에서 제시한 캄보디아 정부 측면과 연계하여 장기적 실천과제와 단기적 실천과제로 구분하여 살펴볼 수 있다.

즉 앞에서 제시한 캄보디아 정부 측면의 장기적 실천과제인, 국가직업자격 관련 법령의 제정 및 국가직업자격 전담기관의 설립과 관련된 한국산업인력공단의 역할과, 단기적 실천과제로서 제시된 여러 가지 방안들과 관련된 한국산업인력공단의 역할이 바로 그것이다.

우선 캄보디아 정부 측면의 장기적 실천과제와 연계하여, 한국산업인력공단에게는 캄보디아 국가직업자격 관련 법령의 제정 및 국가직업자격 전담기관의 설립을 위한 각종 정책 자문이 요구된다 하겠다.

즉 한국산업인력공단은 2012년 현재 베트남 고용법 제정을 위한 정책 자문 사업을 수행, 마무리 단계에 있는데 이 사업과 마찬가지로 「캄보디아 국가직업자격법 제정을 위한 정책 자문」의 형태로 새로운 사업을 수행할 수가 있을 것이며, 본 사업은 현재 고용노동부에서도 관심이 있는 사업인 만큼 2013년도 이후에 캄보디아를 대상으로 사업 수행을 고려해 볼 수 있다.

이에 2012년도에 수행, 마무리 단계에 있는 '베트남 고용법 제정을 위한 정책 자문 사업'의 개요를 제시하면 다음과 같다.

'베트남 고용법 제정 정책 자문 사업'은, 베트남 정부가 추진중인 고용법 제정과 관련하여 한국 정부에 정책 자문을 요청한 사업이다. 구체적으로 베트남은 베트남 노동법전(Code of Labor)에 수록된 고용관련 규정을 개별법으로 분리하여 '고용법'을 제정하고자 하고 있는데, 베트남 노동보훈사회부(MOLISA)는 동 법을 '11년, 국회에 상정하였으나 동법은 통과되지 못하였고, 이에 '12년 말 법안 통과를 목표로, 베트남 노동보훈사회부 주관 하에 범 정부 차원으로 추진중인 사업이다.

본 사업의 수행범위는 6개 분야에 대한 세미나 개최, 전문가 파견, 정책실무자 연수, 정책권고서 및 최종 용역보고서 작성 등이며, 본 사업 추진을 위한 과업수행조직은 다음과 같다.

<그림 Ⅳ-3> 베트남 고용법 제정 정책 자문사업 과업수행조직

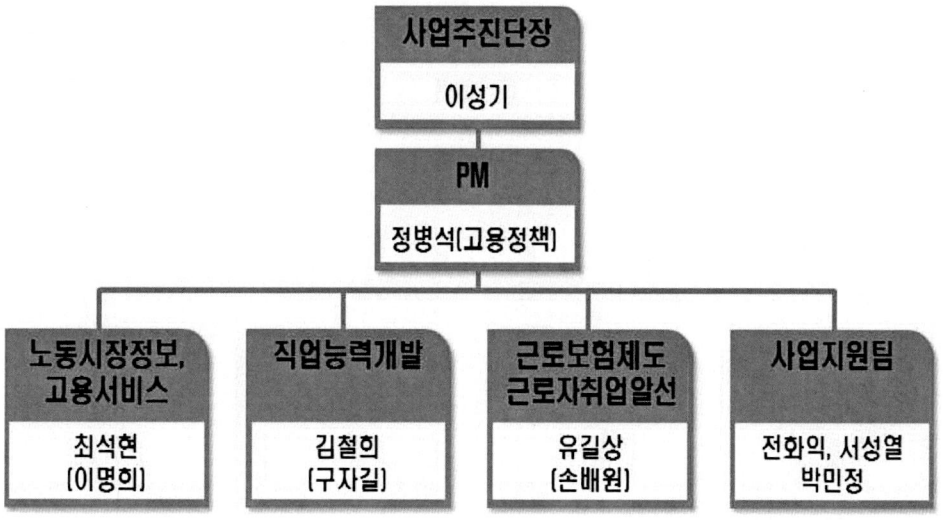

※ ( ) 안은 검토위원임
  (자료 : 한국산업인력공단, 2012, "베트남 고용법 제정 정책자문 사업 킥오프(Kick-off) 미팅 계획," p.4)

따라서 상기한 사업을 토대로 향후 '캄보디아 대상의 국가직업자격법 제정을 위한 정책 자문' 사업은 세미나 개최, 전문가 파견, 정책실무자 연수, 정책권고서 및 최종 용역보고서 작성 등을 사업수행범위로 하고, 정부주도의 국가직업자격 운영·자격취득자에 대한 인센티브 제공·자격의 질 관리·자격제도 운영을 위한 정보 인프라 구성 등을 세부영역으로 하는 보다 구체화된 형태의 사업이 될 수 있을 것이다.

그리고 국가직업자격 전담기관의 설립과 관련하여서는 과거 한국기술검정공단 설립 시 추진되었던 절차를 바탕으로 한국산업인력공단은 캄보디아 정부를 대상으로 각종 정책자문을 수행할 수가 있다. 즉 국가직업자격 전담기관의 설립을 위한 '(가칭) 캄보디아 국가직업자격관리공단법'의 제정, 전담기관의 구조 및 기능, 인력구성 및 예산 등과 관련하여 한국산업인력공단은 과거 경험 및 노하우를 캄보디아 측에 전달할 수 있을 것이다. 구체적으로 한국산업인력공단은 향후 신설된 조직의 구성 및 기능과 관련하여서는 문제출제·검정시행·채점 및 자격증 발급 등을 기본 구성으로 하는 자격검정기관과 그 하위에 직업교육훈련기관을 두는 형태로, 예산과 관련해서는 정부 예산 지원 또는 자체 수익사업을 통한 예산 충당 등에 관하여 자문해 줄 수 있을 것이다.

캄보디아 정부 측면의 단기적 실천과제와 연계하여서는, 우선 한국산업인력공단이 국가직업자격 전담기관으로서의 역할을 수행하는 것 측면에서 살펴볼 수 있다. 즉 앞에서 살펴본 바와 같이 현재 캄보디아에는 체계적인 국가직업자격 전담기관이 존재하지 않는다. 따라서 정부주도로 캄보디아의 노동수요 및 공급을 고려하여 자격종목이 신설되면, 이들 자격종목에 대한 검정 운영을 한국산업인력공단에서 전담하는 것이다. 물론 이러한 경우에는 한국산업인력공단과 캄보디아 노동직업훈련부와의 MOU 체결을 기본으로 이루어져야 할 것이며, 한국산업인력공단은 애초 장기적 실천과제에서 설명하였던 자격검정기관 하위에 NPIC와 PTC 등 직업교육훈련 전문기관을 하위조직으로 두는 것에 비하여 다소 축소된 형태인 자격검정기관으로서의 역할만을 담당하는 것이 될 것이다. 그리고 이 때에는 캄보디아에 한국산업인력공단의 새로운 조직을 신설하는 것 보다 현행 캄보디아 EPS 센터를 확대·개편하여 운영하는 것도 좋은 방안이 될 수 있다.

둘째, 한국산업인력공단이 캄보디아 내 NPIC 및 PTC 등 직업교육훈련 전문기관과 MOU를 체결하고, 직업교육훈련 전문기관의 교육과정 이수와 한국산업인력공단의 자격검정을 연계시키는 것도 하나의 단기적 실천과제로서 제시될 수 있다. 즉 자격검정에는 크게 검정형 자격과 과정이수형 자격으로 구분될 수 있는데, 현재 캄보디아에서는 전술한 바와 같이 자격증과 학위가 엄격히 구분되어 있지 않고, 학교에서 일정 교육과정(커리큘럼)을 이수하면 수료증, 수료 후 일정시험에 통과하면 졸업증을 주는 형태이기 때문에 이는 일종의 과정이수형 자격으로 볼 수 있다. 따라서 캄보디아 내 NPIC 및 PTC 등 직업교육훈련 전문기관에서 특정 과목을 이수한 대상자들에게 한국산업인력공단이 자격증을 부여하는 방안이 고려될 수 있다[57]. 그리고 이 때에는 우선적으로 한국산업

---

57) 한국산업인력공단에서 특정 학과 과정이수자에게 자격증을 부여할 때에는 한국산업인력공단이 주관하는 특정 평가(현재 캄보디아 정부에서 전 국가적으로 시행하는 졸업시험과 비슷한 형태가 될 수도 있음) 또는 기관평가 및 과정평가는 한국산업인력공단이, 이수평가는 별도의 외부기관이 수행하는 형태 등 여러 가지의 평가방법이 동원될 수 있을 것이다.

인력공단이 특정 자격을 갖춘 직업교육훈련 전문기관을 과정이수형 자격 인정기관으로 선정하는 절차가 필요하다. 또한 한국산업인력공단의 일정 기준에 의거, 심사에 통과한 직업교육훈련 전문기관들은 한국산업인력공단과 과정이수형 자격 관련 MOU를 체결하게 될 것이며, 이 때 동 기관에서 과정이수형 자격으로서 인정받을 수 있는 학과는 한국산업인력공단의 엄격한 심사를 통해 선정되어질 것이다. 물론 학과 선정 기준으로는 해당 학과가 국가직무능력표준에 맞게 설계되고 운영되고 있는지 등이 포함될 것이기 때문에, 기본적으로 캄보디아 내 특정 분야·직종에 대한 국가직무능력표준이 개발되어 있어야 할 것이고, 만약 해당분야·직종에 대한 국가직무능력표준이 개발되어 있지 않다면, 한국에서 캄보디아로 국가직무능력표준을 수출하거나 혹은 캄보디아 국가직무능력표준을 개발하는 데에 한국산업인력공단이 자문을 해주는 방안도 고려해 볼 수 있을 것이다.

이에 본 방안에 대한 체계를 그림으로 제시하면 다음과 같다.

<그림 Ⅳ-4> 교육과정 이수와 한국산업인력공단의 자격검정 연계 체계[58]

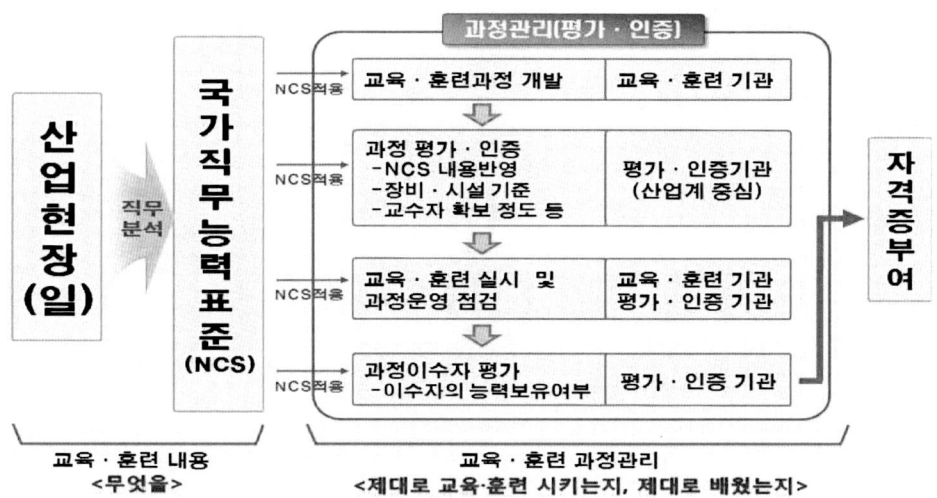

(자료 : 한국산업인력공단, 2011, "내부자료".)

---

58) 그림에서 교육·훈련기관은 캄보디아 내 NPIC 및 PTC가, 그리고 평가인증기관은 한국산업인력공단이 될 것이다.

셋째, 한국산업인력공단의 자체 직업교육훈련 전문기관 및 자격검정기관을 캄보디아 내에 설립하고, 동 기관에서 직업교육훈련 및 자격검정을 시행하는 것도 하나의 단기적 실천과제로서 제시될 수 있다. 즉 이는 캄보디아 내에 한국산업인력공단 지사를 설립, 한국산업인력공단에서 직업교육훈련 뿐만 아니라 자격검정까지도 운영하는 형태를 의미하는데, 이때에는 현지 캄보디아 EPS 센터를 확대·개편하여 운영하는 방안이 고려될 수 있겠다.

3) 한국정부 및 민간측면

캄보디아 국가기술자격 운영을 위한 추진체계로서 한국정부 및 민간측면에서는, 주로 캄보디아 국가직업자격 취득자에 대한 인센티브 제공 측면을 제시하였다. 이는 앞에서 제시한 바와 같이 국가직업자격이 효과적으로 운영될 수 있기 위해서는 자격취득자에 대한 인센티브가 제대로 제공되어야 하고, 또한 캄보디아 국가직업자격 운영에 있어 한국정부 및 민간측면과 가장 관련이 있는 것은 바로 자격취득자에 대한 인센티브 제공이기 때문이다[59].

자격취득자에 대한 인센티브 제공과 관련해서는 설문조사결과를 토대로 분석하였다. 즉 앞에서 제시한 바와 같이 설문응답자들은 '캄보디아에 있는 한국기업에서 일할 수 있는 기회를 주는 것'을 가장 선호하였고, 또한 '한국에서 일할 수 있는 기회를 주는 것'을 두 번째로 선호하였다.

그리고 이에 대한 좀 더 구체적인 질문으로 들어가서 캄보디아에 있는 한국기업에서 일하고 싶은 정도를 묻는 질문에서는 약 89.9%가 캄보디아 내 한국기업에서 일하고 싶다고 응답함으로써 그 선호도가 매우 높음이 확인되었다.

따라서 이를 통해 볼 때, 캄보디아 국가직업자격 취득자에 대한 인센티브 제공 측면에서 한국정부 및 민간측면에서 수행해야 하는 역할은 크게 두 가지로 요약될 수 있겠다.

첫째, 민간 측면에서 캄보디아 국가직업자격 취득자에 대한 우대혜택을 강화할 필요가

---

[59] 캄보디아 국가기술자격 운영과 관련하여 한국산업인력공단 측면은 한국정부와 별개로 생각할 수가 없다. 이는 한국산업인력공단이 고용노동부의 산하기관으로 한국산업인력공단의 주요 의사결정에는 고용노동부의 의견이 상당히 반영되기 때문이다. 따라서 한국정부 및 민간측면에서는 한국산업인력공단과 관련된 한국정부 측면은 생략하고 자격취득자 우대사항과 관련된 사항들만을 위주로 제시하였다.

있다. 즉 자격증의 소지 여부가 입직 시 요구되는 중요한 조건으로 사용될 수 있도록 민간 기업의 노력이 요구된다. 그러나 이는 캄보디아 내 기업들의 자격증에 대한 필요성 인식이 높지 않은 상태에서는 실현가능성이 떨어지기 때문에, 비교적 자격증에 대한 인식이 높은 캄보디아 내 한국기업들에서의 선도적인 노력이 필요하다 하겠다.

둘째, 한국 정부 측면에서 캄보디아 국가직업자격 취득자에 대하여 한국에서 일할 수 있는 기회 제공과 관련된 다양한 정책 마련이 필요하다. 이는 또한 현재 시행중인 한국어 능력시험 및 기능수준 평가와도 연계가 가능할 수 있는데, 즉 특정분야에 대한 직업능력을 가지고 있는지를 캄보디아어가 아닌 한국어로 평가하여, 대상자의 한국어 능력뿐만 아니라 특정분야에 대한 직무능력도 함께 평가함으로써 기존의 이중 평가에서 오는 단점들을 보완할 수 있다. 그리고 이러한 직업자격을 취득한 사람들에게는 현행 기능수준 평가 통과자에게 부과되어지는 한국취업 우선 알선권 및 이로 인한 한국으로의 조기 입국 등과 같은 혜택을 줄 필요가 있다.

<그림 IV-5> 자격취득자에 대한 인센티브 제공 선호도

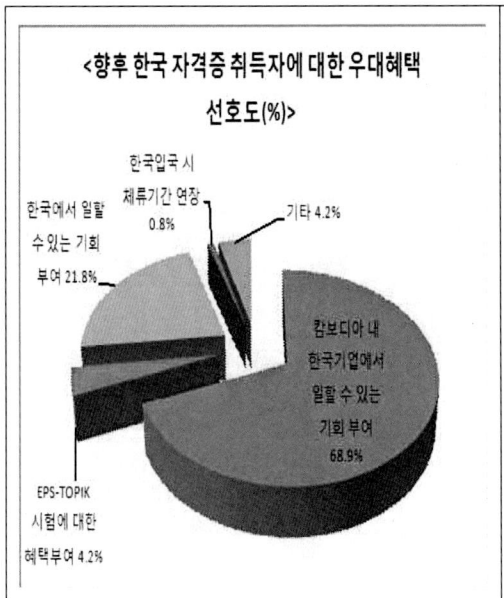
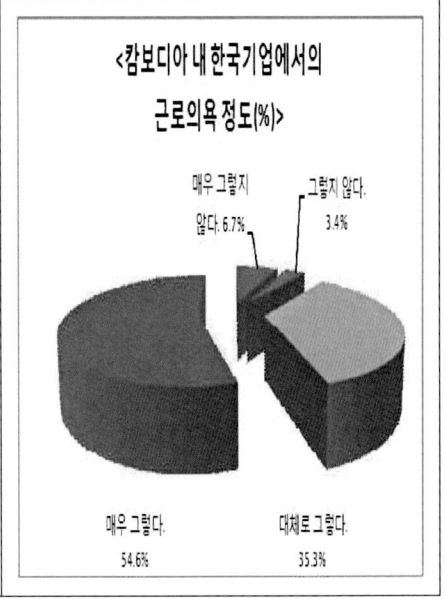

이에 캄보디아 국가기술자격 운영을 위한 추진체계로서 캄보디아 정부 측면, 한국산업인력공단 측면, 한국정부 및 민간측면에 대하여 종합·정리하여 제시하면 다음과 같다.

<그림 Ⅳ-6> 캄보디아 국가기술자격 운영을 위한 추진체계

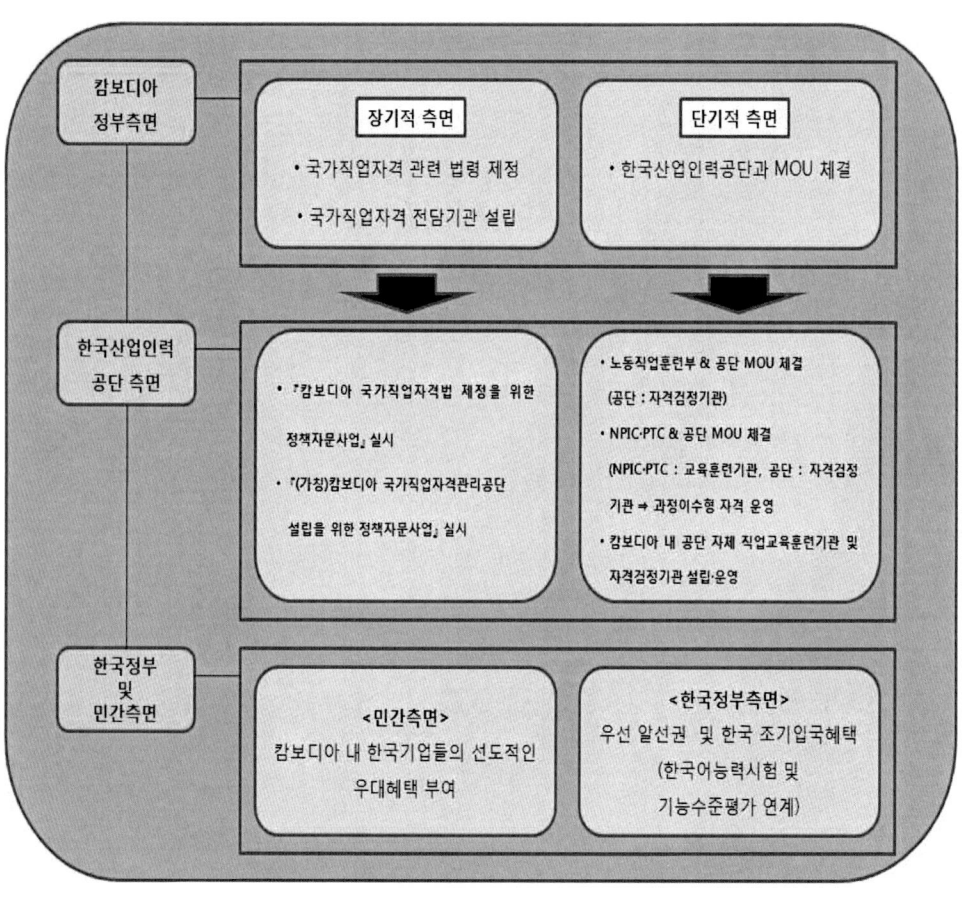

V. 결론

본 장에서는 「국가기술자격의 국제화에 관한 연구」의 결과를 요약하고 연구의 의의 및 연구의 한계점, 그리고 향후 연구방향에 대하여 제시하고자 하였다.

1. 연구결과의 요약

본 연구는 최근 한류 열풍 및 일부 동남아·중앙아시아 국가의 '한국 배우기' 바람의 가세로 우리나라 국가기술자격의 국제화를 위한 여건이 충분히 조성되어졌고, 또한 미국 및 유럽연합(EU) 등과의 자유무역협정(FTA) 체결로 국가 간 인적·물적 자원의 상호교류가 더욱 활발해지는 현 시점에서, 우리나라의 국가기술자격제도를 동남아시아 국가들을 대상으로 국제화시킬 수 있을 것인지, 그리고 국제화시킨다면 어떻게 국제화시킬 것인지 등 우리나라 국가기술자격의 국제화를 위한 방향성을 제시하기 위한 목적으로 수행되었다.

이를 위하여 본 연구에서는 우선 대상국인 캄보디아의 환경을 분석하였고, 또한 우리나라 국가기술자격이 국제화되기 위한 그 타당성을 분석하였으며, 이러한 분석결과들을 토대로 캄보디아 국가기술자격의 도입방안을 대상분야 선정, 자격 운영을 위한 추진체계 부분으로 각각 나누어 제시하였다.

이에 본 연구의 결과를 요약하면 다음과 같다.

첫째, 국가기술자격의 국제화를 위한 타당성 분석 부분에서는 한국의 국가기술자격이 성공할 수 있었던 요인들은 크게 다섯 가지로, 구체적으로는 '정부주도의 자격제도 설계 및 운영', '경제발전정도에 따른 자격종목의 설계', '자격취득자에 대한 인센티브 제공', '자격의 질 관리', '자격제도 운영을 위한 정보 인프라 구성'이다. 그리고 이들 요인들이 복합적으로 긍정적으로 작용해야만 국가기술자격이 성공적으로 운영될 수 있다.

둘째, 국가기술자격의 캄보디아 도입방안으로서, 그 대상분야는 전기/전자분야 및 IT 분야가 선정되었다.

셋째, 캄보디아 국가기술자격 운영을 위한 추진체계로서는 캄보디아 정부측면, 한국산업인력공단 측면, 한국정부 및 민간측면이 각각 제시되었다. 우선 캄보디아 정부측면에서는 장기적 측면과 단기적 측면으로 나누어, 장기적 측면에서는 국가직업자격 관련 법령 등의 제정과, 국가직업자격 전담기관 설립이 제시되었고, 단기적 측면에서는 국가직업자격제도 도입과 관련하여 한국산업인력공단과의 MOU 체결이 제시되었다.

그리고 한국산업인력공단 측면에서는 앞의 캄보디아 정부측면과 연계하여 각각의 추진방안들을 제시하였는데, 장기적 측면에서는 '캄보디아 국가직업자격법 제정을 위한 정책자문사업' 실시, '(가칭)캄보디아 국가직업자격관리공단 설립을 위한 정책자문사업' 실시가 제시되었으며, 단기적 측면에서는 '노동직업훈련부와 공단 간의 MOU 체결', 'NPIC·PTC와 공단 간의 MOU 체결', '캄보디아 내 공단 자체 직업교육훈련기관 및 자격검정기관 설립·운영'이 제시되었다.

또한 한국정부 및 민간측면에서는 자격취득자에 대한 인센티브 제공 측면에서 제시되었는데, 민간측면에서는 캄보디아 내 한국기업들의 선도적인 우대혜택 부여가, 한국정부 측면에서는 한국어능력시험·기능수준평가와 연계하여 자격취득자에 대한 한국취업 우선 알선권 부여 및 한국 조기입국 혜택이 제시되었다.

2. 연구의 의의 및 한계

본 연구는 다음과 같은 의의를 가진다.

첫째, 본 연구는 우리나라 국가기술자격을 국제화하기 위한 일반론적인 연구가 아니라, 특정 대상국을 선정하고 이 대상국의 기본적 환경 분석을 토대로 대상국만의 특화된 제도 도입 및 운영방안을 제시하였다는 점에서 큰 의의가 있다.

즉 우리나라의 국가기술자격을 국제화하는 것은 대표적인 서비스사업으로서, 국제마케팅믹스 유형[60]에 근거하여 볼 때, 현지국과 우리나라 간 욕구의 유사성 및 사용여건의 유사성은 모두 낮기 때문에 '완전 현지화 전략'을 추구하여야 한다. 그리고 이러한 완전 현지화 전략은 현재 수요자 및 잠재적 수요자 니즈의 철저한 파악과 분석을 그 전제조건으로 하는바, 본 연구에서는 현지국 즉 캄보디아의 일반적 환경에 대한 분석뿐만 아니라, 설문조사, 그리고 인터뷰 등을 통하여 현지국의 니즈를 파악하고자 노력하였다. 따라서

---

[60] 국제 마케팅 믹스유형은 현지고객과 자국고객 간의 욕구의 유사성과 사용여건의 유사성을 기준으로 완전표준화, 촉진현지화, 제품현지화, 완전현지화의 총 4가지 메트릭스로 구성된다(안광호, 2003, *마케팅 원론*, 서울 : 학현사, pp.644~646. 수정).

우리나라 국가기술자격의 국제화 연구에 있어서 본 연구는 완전 현지화 전략을 추구하였다고 볼 수 있고, 이러한 점이 본 연구의 가장 큰 의의라 할 수 있겠다.

둘째, 본 연구는 향후 캄보디아 국가직업자격의 도입 및 운영을 위하여 캄보디아 정부측면, 한국산업인력공단 측면, 한국정부 및 민간측면에서의 역할을 연계하여 비교적 체계적으로 제시함으로써 사업 추진에 있어 균형성을 확보하였다는 점에서 의의가 있다. 즉 사업이 도입되고 효과적으로 운영되기 위해서는 각 부문별 역할 및 상호 연관적 관계가 중요하기 때문에 각 이해관계자 집단별 기능을 큰 틀에서 조망하고 제시할 필요가 있다. 이는 자칫 나무를 보느라 숲을 보지 못하는 오류나 또는 전체 숲을 보느라 나무의 기능을 등한시하는 오류를 범하지 않기 위함이다. 따라서 본 연구는 각 부문별 역할들을 전체 틀에서 균형적으로 바라보고 제시하였기 때문에 비교적 연구가 체계적·비편향적으로 수행되었다고 할 수 있다.

셋째, 본 연구를 통해 향후 캄보디아를 대상으로 한 한국산업인력공단의 사업 아이디어가 제시되었다는 점에서 본 연구의 의의가 있다. 즉 본 연구에서는 향후 한국산업인력공단이 수행하여야 할 사업 아이템으로서 '캄보디아 국가직업자격법 제정을 위한 정책자문사업', '(가칭) 캄보디아 국가직업자격관리공단 설립을 위한 정책자문사업', '국가직무능력표준 수출사업', 'NPIC·PTC 등을 대상으로 한 과정이수형 자격 도입사업' 등을 제시하였다. 따라서 이러한 사업 아이템을 바탕으로 향후 한국산업인력공단은 좀 더 구체적인 액션플랜을 수립하고 이에 따라 사업을 추진할 수가 있을 것이다.

넷째, 본 연구는 우리나라 국가기술자격이 국제화될 수 있는 기본 조건들을 분석함에 있어, 우리나라 국가기술자격이 과거부터 현재까지 효과적으로 운영되어, 그 본연의 기능을 충실히 수행해 올 수 있었던 요인들을 토대로 그 기본 조건들을 분석해내었다는 점에서 그 의의가 있다 하겠다. 즉 본 연구에서는 캄보디아의 경제적 상황이 우리나라 '70년대의 상황과 비슷하다는 점에 착안, 국가기술자격법이 제정된 '70년대부터 현재에 이르기까지 시대적 상황에 맞게 국가기술자격이 발전해왔던 주요 요인들은 대상국을 달리하더라도 크게 변화하지 않을 것이라고 판단하였다. 그리고 이러한 판단 하에 우리나라 국가기술자격의 성공요인들은 곧 자격이 국제화될 수 있는 기본 조건들로 정리되었으며, 그 결과 자격의 국제화를 위한 기본 조건들은 실제 대상국에도 적용될 수 있음이 확인되었다.

그러나 그럼에도 본 연구는 다음과 같은 한계를 가진다.

첫째, 본 연구는 문헌 조사 자료, 캄보디아인들을 대상으로 한 설문조사 결과, 현지 인터뷰 자료, 현지 기관에서 받은 각종 자료 등에 대한 분석을 토대로 수행되었다. 그러나 현지 기관 방문 시, 몇몇 기관들은 내부 자료라는 이유로 자료를 제공하지 않은 경우도 있었다. 특히 캄보디아에서 현재 개발되어 있는 국가직무능력표준의 경우, 캄보디아측에서는 개발되어 있는 자료를 육안으로만 확인할 수 있도록 할 뿐, 자료는 제공하지 않아, 본 연구 수행 시 여러 애로사항이 발생하였다. 따라서 국가직무능력표준 등과 같은 중요한 자료의 부족 등은 본 연구의 한계점으로 지적될 수 있겠다.

둘째, 본 연구는 자격과 관련된 전문가 집단의 의견을 충분히 수렴하지 못하였다는 점에서 한계를 가진다.

이에 향후 연구에서는 현지 대상국에 대한 보다 많은 양의 자료 확보가 이루어져야 할 것이며, 또한 연구의 질을 보다 향상시키기 위하여 다양한 전문가들의 의견을 충분히 수렴할 수 있도록 해야 할 것이다.

<참고문헌>

* 강순희 외, 2003, *자격제도의 비전과 발전방안*, 한국노동연구원.
* 고용노동부, 2012, 직업능력평가과 바인더 자료.
* 국가기술자격법 시행규칙 제41조.
* 박재현 외, 2011, *2011 경제발전경험모듈화사업 : 직업능력개발을 위한 국가기술자격 제도의 역할 및 기능*.
* 아시아개발은행(ADB), "2009년 아시아개발은행 주요지표".
* 안광호, 2003, *마케팅 원론*, 서울 : 학현사.
* 외교통상부, 2011.10., "캄보디아 개황".
* 손배원 외, 2009, *국제협력사업의 체계적인 추진방향에 관한 연구*.
* 중앙일보, "한국 자격증, 베트남선 박사보다 더 대접," 2011.01.03. 사회 20면.
* 캄보디아개발위원회(CDC), 2010, *캄보디아 투자환경(Cambodia Investment Guidebook 2010)*.
* 캄보디아 국가고용청(NEA), 2012, 내부자료.
* 한국산업인력공단, 2002, *한국산업인력공단 20년사*.
* 한국산업인력공단, 2007, "내부자료".
* 한국산업인력공단, 2009, *캄보디아 국가기술자격제도 구축 지원사업 최종결과보고서*.
* 한국산업인력공단, 2011, "내부자료".
* 한국산업인력공단, 2012, "베트남 고용법 제정 정책자문 사업 킥오프(Kick-off)미팅 계획".
* 한국산업인력공단, 2012, 캄보디아 현장조사 결과보고 자료.
* 한국산업인력공단, 2012, 캄보디아 현지조사 자료.
* 한국산업인력공단, 2012, "내부자료".
* 한국산업인력공단, 2012, 캄보디아 출장 해외 인터뷰 자료.
* 한국산업인력공단, 2012, 캄보디아 현지조사 인터뷰 결과자료.
* 2008년 캄보디아 총인구조사, 2009.9.(National Report on Final Census Result).